设计型公司

如何打造创意不竭的文化

THE DESIGNFUL COMPANY

HOW TO BUILD A CULTURE OF NONSTOP INNOVATION

[美] 马蒂·纽迈耶◎著　马晓艺◎译

Marty Neumeier

中国出版集团　现代出版社

图书在版编目（CIP）数据

设计型公司：如何打造创意不竭的文化 /（美）马蒂·纽迈耶（Marty Neumeier）著；马晓艺译．-- 北京：现代出版社，2020.6
ISBN 978-7-5143-8647-9

Ⅰ．①设… Ⅱ．①马… ②马… Ⅲ．①企业管理 Ⅳ．① F272

中国版本图书馆 CIP 数据核字（2020）第 087512 号

版权登记号：01-2020-0821

设计型公司

作　　者：【美】马蒂·纽迈耶（Marty Neumeier）著
译　　者：马晓艺
选题策划：杨　静
责任编辑：杨　静　王　羽
出版发行：现代出版社
通信地址：北京市安定门外安华里 504 号
邮政编码：100011
电　　话：010-64267325　64245264（传真）
网　　址：www.1980xd.com
电子邮箱：xiandai@vip.sina.com
印　　刷：三河市南阳印刷有限公司

开　　本：880mm×1230mm　1/32
印　　张：6　　字　　数：106 千字
版　　次：2020 年 6 月第 1 版　　印　　次：2020 年 6 月第 1 次印刷
书　　号：ISBN 978-7-5143-8647-9
定　　价：45.00 元

设计型公司

如何打造创意不竭的文化

一本由马蒂·纽迈耶撰写的白板概述

致我富有设计精神的女儿莎拉

前言

欢迎来到未来商界。不论你是跨国公司的首席执行官，还是初创公司的新员工，本书中的法则都将助你驾驭强劲的变革潮流。将这本书视为变革宣言为时已晚，因为变革早已发轫。但我希望《设计型公司》这本书可以成为你的个人指南，帮你应对这个充满挑战、日新月异的世界。

在我的第一本白板书《品牌的鸿沟》中，我提出了弥合商业战略和客户体验差异的五项原则。在第二本书《急转》中，我继续深挖这五项原则中首要的也是最具战略意义的原则——根本差异化。如今，在《设计型公司》一书中，我将向各位说明如何释放创造性合作的巨大潜力，实现公司转型。

我深知各位时间宝贵，因此我再次将自己的想法浓缩在这本“飞机读物”中，面向未来几年发表一些真知灼见，以供快速阅读。我将默默注视着你为自己、为自家公司、为我们称为地球的小小共同体设计一个令人心驰神往的未来。

马蒂·纽迈耶

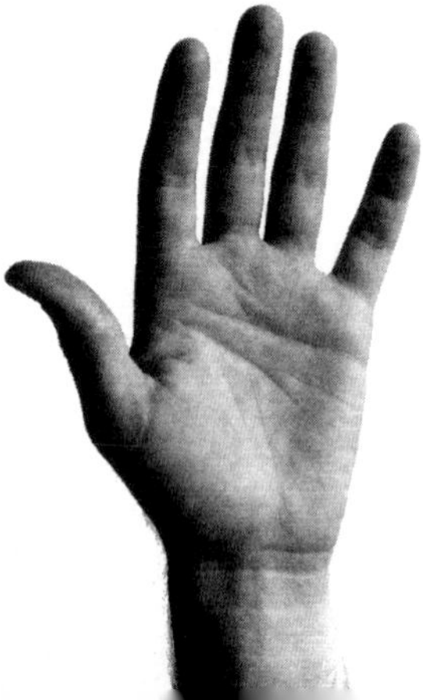

目　录

美感源自一切有效的设计。

——巴克明斯特·富勒

介绍

“抗解问题”时代

工业时代的思维方式给人类带来了一系列不可思议的能力，如批量生产物美价廉的产品。但是，这种思维也让我们陷入纷繁复杂的问题，社会规划师霍斯特·里特尔称之为“抗解问题”。这类问题顽固难除，又无处不在，棘手到似乎无法解决，不同于在数学、国际象棋或成本会计领域遇到的相对“温顺”的问题。每当尝试着解决“抗解问题”，它们往往会发生转变，让人猝不及防，而且这类问题的解决方案只分好坏，难辨对错。

世界范围内的“抗解问题”像食人鱼一样将我们重重包围。这些问题我们应该都听过：环境污染、人口过剩、自然资源减少、全球变暖、技术战争、权力分配失衡以至于群体性无知和第三世界饥饿问题迟迟未能解决。在商界，管理者也面临着类似的问题：变革日新月异、客户无所不知、市场巴尔干化、股东贪得无厌、员工背信弃义、监管无计可施、全球化竞争对手孤注一掷，

2008 年抗解问题大调查

由 Neutron 公司[①]和斯坦福大学赞助开展

1. 平衡长期目标和短期需求。

2. 预测创新概念的回报。

3. 加速创新，适应变化。

4. 赢得顶级人才竞争。

5. 兼顾盈利与社会责任。

6. 保护商品化行业利润。

7. 跨谷仓协作以提高成功率。

8. 发掘未被占领且有利可图的市场空间。

9. 应对生态可持续性的挑战。

10. 保持公司战略与客户体验一致。

* “抗解问题”是一类顽固难除又无处不在，棘手到似乎无法解决的难题。

---

① 马蒂·纽迈耶是Neutron公司的总裁。公司坐落于旧金山，专精于品牌整合工程，通过释放创意过程的力量来推动商业革命。

无所畏惧，带来价格压力。

Neutron 公司和斯坦福大学 2008 年赞助开展了一项调查，要求 1500 名高管指出当前困扰他们公司的最棘手的“抗解问题”。高管们给出的答案中包括对利润和增长的疑虑，此外还有一些问题近期才出现在公司的关注之列，如保持公司战略与客户体验一致、应对生态可持续性、跨谷仓协作以承担社会责任。他们提及的首要“抗解问题”是长期目标与短期需求之间的冲突。

显然，以上问题都不是 20 世纪管理者关注的问题。20 世纪最后一个管理神话是六西格玛，受爱德华兹·戴明博士及其战后在日本工作经历的启发，商界掀起了这一全面质量管理运动。六西格玛大获成功，使得质量几乎成了商品本身。当下，客户普遍期望所有产品和服务都可靠可信，如此一来，质量就无法为任何公司带来竞争优势。然而遗憾的是，重视量化利益、轻视管理深意的商业思维定式忽略了戴明理念中更为先进的要素。

一根筋

对当今一些公司和品牌进行观察，就会发现他们颇受困扰。因为客户信任不再，员工疏离隔阂，同行互相提防。这些问题可以说与欠缺人性化考量的传统管理模式息息相关。20 世纪的管理模式，不提倡文艺复兴时期温情的人文主义精神，只关注流水线上冷冰冰的机器，一心想把牛顿定律应用于财富生产。而流水线生产本质上对道德、情感和人类的渴望视而不见，甚至追求以损害竞争对手和客户利益为前提，好让自己成功。

但从本质上来看，商业要关注的不是机器，而是人。在当今社会，我们发现，缺乏情感的革新索然无味，缺乏美感的产品毫无吸引力，缺乏内涵的品牌不受欢迎，缺乏道德的企业做不长久。旧的管理模式引领我们取得今日的成就，却难以推动我们继续前行。要想进一步成功，必须要以双赢性质的配合，代替一输一赢的流水线模式。

2006 年，福特公司宣布计划关闭 14 家工厂，削减 3.4 万个工作岗位。比尔·福特发表了引人深思的声明："我们不能再抱令守律。从现在起，车辆的设计将以满足客户需求为目标，再不能只追求产量。"然而杯水车薪，为时已晚。福特公司搞明白这回事时，丰田公司已经将满足客户需求作为宗旨运营多年了。

20 世纪，我们一直试图扩大生产规模，以效率为基本宗旨对管理模式进行微调，六西格玛的提出是不懈改良路上最突出的成就。但《华尔街日报》引用 Qualpro 一篇 2006 年的研究表明，58 家宣布启用六西格玛管理模式的大型公司中，91% 的股票指数都降到标准普尔 500 指数以下。我们对这一管理模式越来越得心应手，不料其本身已越走越偏。

去问爱丽丝

在六西格玛大行其道的时代，“变得更好”已远远不够，我们需要变得与众不同，而且“不同”并非指大同小异，而是**截然不同**。在《急转》一书中，我提出了打造根本差异化的 17 步法则，以使公司、产品和品牌从日益混乱的市场中脱颖而出。得益于前所未有的市场混乱，差异化日渐成为商业领域最强有力的战略，成为创新的主要受益者。

如果说创新驱动差异化，那么，是什么驱动创新呢？答案显而易见：设计。设计用途很广，例如分辨未来可行方向、发明激动人心的产品、与客户之间建立桥梁、处理“抗解问题”等。事实是，要创新，先设计。

设想一个疯狂的世界，那里的一切都与你在商学院学到的恰恰相反。在那个世界，客户控制着公司，工作是自我表达的渠道，竞争壁垒不受控制，陌生人设计产品，产品功能越少越好，广告反而赶跑客户，人口统计

要创新，

先设计。

说明不了问题，卖出去的总要回收，最佳方案诞生即淘汰。在那个世界，意义说了算，金钱靠边站，稳定是幻想。在那个世界，天赋战胜顺从，想象力超越知识，共情击溃逻辑。

如果你一直密切关注周围的变化，就不必设想这一爱丽丝梦游仙境般的场景，而会发现它就在周围成形。唯一的问题在于你能否迅速调整业务，充分融入新世界。

设计思维这一管理创新注定要将六西格玛踢下管理神话的宝座。设计思维将取代市场部门，进入研发室，改变流程，激活文化。同时将产生鞭策力，将资金与创造力结合，进而深入华尔街，改变投资规则。

设计，设计，你在哪里

近百年来，设计学科沦为配角、替身，只能一直在舞台两侧耐心等候着。直到现在，各个公司还是把设计作为品牌识别和传播的美容站，或者是产品发布前的最后一站。设计可以实现打破常规的全面创新，但这一潜力始终未被发掘。同时，公众对一切设计之物都产生了积极的兴趣。

凯尔顿调研机构的一项调查发现，七成美国人最近一次看到觉得非买不可的产品都是被其设计吸引。调研人员还发现，对于 18—29 岁的年轻人来说，设计的影响更为显著。超过 1/4 的美国年轻人都对国内的设计水平感到失望，会抱怨说 25 年前的汽车设计得更好。

受英国设计委员会委托，近期一项调查发现，16% 的英国企业认为设计是首要成功因素，高达 47% 的“快速增长型”企业将设计列为首要因素。

第一世界的生活方式发生了深刻的变化，设计需求也随之迅速增长，各种形式的创造力已成为经济增长的头号引擎。用多伦多大学教授理查德·佛罗里达的话来说，“创意阶层”现有 3800 万人，占美国劳动力的 30% 以上。麦肯锡顾问洛威尔·布莱恩和克罗蒂娅·乔伊丝则认为这一比例略低于 25%。他们列举了金融服务、医疗保健、高科技、制药、媒体和娱乐等领域富有创造力的专业人士，这些人推动变革，制造无形资产，并为公司创造新的价值。

听到“创新设计”这个词时，你脑海中会出现什么画面？苹果手机？丰田普锐斯？还是任天堂 Wii 游戏机？大多数人脑海中会浮现某款技术产品。然而，技术产品抑或其他产品都不是设计的唯一表达途径。设计正飞速发展，从“新品海报”发展到包罗各种过程、系统和组织。

戴明博士是 20 世纪中期的商业大师，启发了六西格玛管理策略。除质量管控之外，他还有一些影响深远的想法。你可能觉得他的思想早已陈旧不堪，事实是即使以现代标准衡量，他的思想依然极为进步。1982 年，戴明提出标志性理论“渊博知识体系”，试图让管理者跳出所处的体系思考。该理论有一系列“致命弊端”，例如，缺乏目标、管理层流动性大及强调短期利益。（听起来耳熟吗？）过度依赖技术解决问题也是众多弊端之一。

要根除戴明理论中的弊端及十大“抗解问题”，万全之策是设计。设计是公司发展的加速器，是获得可持续利润的传动器。因为设计驱动创新，创新打造品牌，品牌构建忠诚，忠诚维系利润。因此，要获得长期利润，不仅要从技术入手，而且要从设计入手。

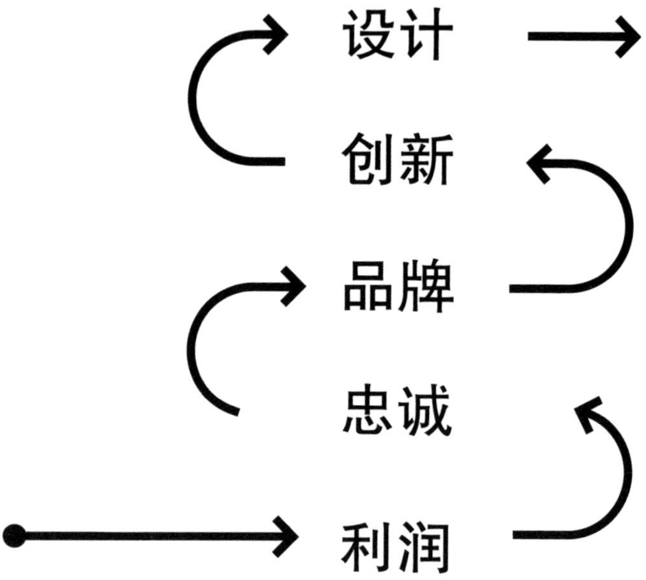

品牌及其传递

商业成功只需两大要素：品牌及其传递。资金、制造、营销、零售、传播、人际关系、投资者关系所有这些其他活动都是次要的。

在《品牌的鸿沟》一书中，我将品牌定义为一个人对产品、服务或公司的直觉。我指出了品牌的财务价值从何而来，并将跟风型品牌和魅力型品牌区分开来。对于魅力型品牌而言，客户认为该品牌无可替代，从而保障了更高的利润率。在这个价格竞争激烈的时代，这些客户便是竞争面前牢不可破的屏障。

《窗口》(*WINDOWS*)杂志前编辑迈克·埃尔根用简单的两句话说明了普通品牌和魅力品牌之间的区别："微软首席执行官史蒂夫·鲍尔默以一段疯狂的视频出名，他在视频中大喊，我——爱——这家——公司。但对苹果公司来说，喊出这句话的是客户。"这或许就能解释，为什么《商业周刊》对百强公司的调查认定微软的品牌价值仅占其市值的17%，而苹果的品牌价值占比却高达66%。

客户忠诚度和利润率之间的联系得到了充分证明，这也促使许多公司推出所谓的忠诚计划，利用激励政策或者协议来“锁定”客户。但问题是客户不喜欢被锁定，锁定无法使人忠诚。不仅如此，忠诚计划管理成本高昂，而且容易复制。更深层的问题在于产品缺乏吸引力，客户宁愿保留选择权，忠诚计划对这一更深层的问题来说只是权宜之计。

在20世纪，些许的品牌忠诚便大有助益。但通常，所谓的忠诚只是无知。如果客户不知道有哪些选择，自然就会选择熟悉的品牌。如今的微软品牌价值低，可能会成为最后一个以这种方式盈利的大公司。21世纪，客户的无知将不足以牵制竞争对手。

要打造培养自发忠诚的品牌，最好是像谷歌那样：利用设计来打造差异化产品和服务，以此来取悦客户。

我觉得很幸运

$$d \times d = :D$$

差异　　设计　　愉悦

如果你能给客户带来愉悦，就能免除忠诚计划引发的高昂成本和关系紧张之势。自发形成的忠诚总能战胜人为强加的忠诚。

品牌建设的核心问题是让一个复杂的组织来执行一个大胆的想法，既简单又恼人。首先要确认并阐明正确的想法，其次要让成百上千的人行动一致，最后根据市场要求更新、强化或替换该想法。

有两股盛行的逆风不利于完成这一挑战：极度混乱的市场和日新月异的变革。应对混乱的良方是打造具备根本差异化的品牌，应对变革的良方则是组织敏捷性。当商业发展态势不紧不慢时，敏捷性并非迫在眉睫的问题，但到 2008 年，敏捷性却成为第三大“抗解问题”。当今企业不仅要具有创新精神，还要反应敏捷，适应性强。

敏捷性超越所有权

如今，商界没有万无一失的处境。诸如工厂所有权、融资渠道、技术专利、监管保护、分销把控、客户无知等旧的竞争壁垒正在迅速瓦解。在这个创新不止的达尔文时代，要么商品化，要么革命。

变革带来的一个显著的受害者是柯达。世纪之交，柯达拥有专利所有权、分销渠道，以及保护其胶卷业务和相机业务的主导市场份额，但这一切在数码摄影的稳步发展中变得无足轻重。柯达的企业文化建立在从胶卷业务商品化获取利润之上，柯达能够预见变革将至，但还是无法从自己固有的文化中挣脱出来。到 2004 年，

柯达相机市场份额下降至17%，尽管该公司在15年前第一个推出数码相机。

为什么变革总是由危机驱动？难道不能提前做出改变吗？是什么阻碍了公司持续转型，使其无法跟上市场的步伐？

公司无法单凭“意愿”变得敏捷。只有当组织拥有正确的思维方式、恰当的技能，并拥有通过协作扩充技能的能力时，敏捷性才能成为凸显特质。要将敏捷性视作核心竞争力，就必须将其融入企业文化，必须鼓励企业范围内对崭新理念的探索，必须让公司保持不断创新的状态。

给公司**注入**创造性是一回事，建立一家创造性公司则是另一回事。为打造敏捷性，公司需要发展“设计型思维”。你的公司、所在行业、所处世界正面临“抗解问题”，设计型思维能为此提供最广泛的解决方案。

文艺复兴时期，弗朗西斯·培根爵士曾警告称：“不愿用新药的人就得预备着害新病，时间乃是最大的革新家。”

下一步，环保起来

需求十有八九是发明之母，但如果我们继续制造堆积如山的有毒物质，发明可能很快就会变成需求之母。我们的自然资源将被耗尽，星球将不再宜居。在十大“抗解问题”中，生态可持续性排在第九位。我有预感，这一问题将飞速上升，成为前三大问题。

消费主义的问题不在于创造欲望，而在于无法完全满足欲望。欲望是人类的一种基本驱动力，但我们欲望中有一部分是对所购物品的感觉良好。用“改变世界”网站创建人阿历克斯·史蒂芬的话来说，我们渴望“无负罪感的富足”。

这和设计有什么关系？息息相关。解决环境污染和资源枯竭的方案不会由政客提出，而将由科学家、研究员、工程师、建筑师、规划师和企业家提出，他们头脑灵活，大都抱有盈利动机。

做个思维实验，想象这样一个未来：所有公司都不

得不回收生产的每件产品。这将如何改变公司的行为?首先，公司在生产时，就会采用使用寿命结束后可回收利用的零部件，进而将引发整个行业致力于设计可重复利用材料。随着企业难以负担全部制造成本，产品及服务的价格将上涨。为了控制价格，公司将会实现本地化经营，以节省运输成本。企业本地化又将改变社区性质，创建出一个类似于农业时代而非工业时代的准独立经济网络。

如你所见，聚焦减废带来的多米诺骨牌效应，将使我们的商业环境发生翻天覆地的变化，引发更多“抗解问题”，但也会带来更多的机会。

在法国，农业时代的经济特征仍很常见，波塞特酒庄这一大型企业重新认识到旧式经济结构的价值。该公司放弃了重型柴油拖拉机，改用马匹拉犁和羊群食草的方式恢复紧实又贫瘠的表层土壤。该公司还发掘新型技术的价值，打破国内用软木塞和玻璃瓶包装的传统，将葡萄酒装在可回收的利乐包中运输，从而减轻运输重量，

降低制造成本。

在德国，大众汽车正亲身表明企业责任并非止于装货码头。该公司已经在售 85% 可回收和 95% 可重复利用的车型。同时，该公司还正在打造新款零排放汽车，用一块燃料电池、12 节蓄电池和一块太阳能电池板替代化石燃料。

欧盟宣布了“2020 愿景”，希望到 2020 年其能源使用的 20% 来自可再生能源。如果这些能源来自太阳能，那么目前太阳能电池板年产量的 25 倍才能满足需求。硅谷的应用材料公司提出了一个互补的愿景：到 2011 年，公司设备将用于制造全球 3/4 的太阳能电池板。

美国家具制造商斯蒂尔凯斯目前正在用 Think 座椅来解决废弃物问题。该款座椅几乎 100% 可维修且可回收。该公司还在全球各地设立了三家不同的工厂，以降低运输成本，支持当地经济。

工业巨头通用电气曾因向哈得孙河倾倒有毒化学品而受到惩罚。如今，通用电气每年花费近 10 亿美元研究环保技术，以提高能源效率，淡化水源，减少对化石燃料的依赖。其动机是什么呢？是利润。正如首席执行官杰夫·伊梅尔特所言：“绿即是金。”

虽然生态可持续性尚非大多数首席执行官最关心的问题，但当情况发生转变时，必将彻底扭转。已有一大批才能出众的高管将注意力从传统技术转向绿色技术。风险投资家亚当·格罗塞尔所言极是：“他们的意识已苏醒，也相信将赚得盆满钵满。”

传统商业是设计盲

大约 10 年前，大众对设计的品位还受到批量生产局限性的阻碍。但如今，人们拥有更多购买选择，就会选择支持美感，支持简约，支持喜爱品牌的“部落身份”。

如果设计这一手段如此强大，为什么企业中从事设计的人士不见增多呢？如果知识、灵感和创造力等无形资产正创造着越来越多的经济价值，为什么我们听不到设计之音在走廊回响呢？

遗憾的是，一谈到创意过程，大多数企业经理都对此装聋作哑、熟视无睹。他们靠死记硬背、靠基于电子表格的有限传统理论来学习技巧。一位工商管理硕士打趣说，在自己的世界里，设计之音只有狗才能听到。

铁路巨头柯林斯·亨廷顿的故事恰能说明这一点。埃菲尔铁塔刚竣工，亨廷顿便前往参观。巴黎一家报纸的记者问他对埃菲尔铁塔的评价，他说：“你们的埃菲尔铁塔好倒是好，就是钱都花在哪里了？”

电子表格思维并非不对，只是不够。设计师可能会对埃菲尔铁塔发表大相径庭的评论：“多么激动人心的成就啊！从现在起，人们将永远难忘巴黎之行。”据估计，自 1897 年以来，埃菲尔铁塔纪念品的销售额已逾 1200 亿美元，仅饰品业务就收回了投资。

巴黎埃菲尔铁塔的经验也彰显于伦敦雄伟的伦敦眼，或者毕尔巴鄂闪闪发光的古根海姆博物馆。弗兰克·盖里的设计不仅吸引了世人的兴趣，还推动了整个地区的经济复苏。

对于企业来说，要想复制那些引人注目、令人陶醉的体验，要做的可不仅仅是雇用设计师。多伦多大学罗特曼管理学院院长罗杰·马丁表示：“他们需要**成为**设计师，要像设计师一样思考，像设计师一样感受，像设计师一样工作。”

过去狭隘的思维方式不足以解决当今的“抗解问题”。我们不能再循规蹈矩了，必须要创造一个全新的衡量标准。

PARIS

第一部分　设计的力量

设计的全新定义

整个20世纪，设计师们都在封闭落后的专业领域内提升技能。设计师拉尔夫·卡普兰曾抱怨，他和同事们曾被行业领袖视为“另类用人”。这在一定程度上归因于电子表格思维在商业中占主导地位，同时德国包豪斯大学的成功也起到了推波助澜的作用。包豪斯设计师的使命是将工业制品与现代主义艺术的感性元素相结合。几代设计师进入设计行业，但他们并非来自商学院或设计学院，而是来自艺术学院，可以想象这一愿景的诱惑力有多大。

因此，我们对设计的共同理解被收录进主流词典，其本质上是：“针对一件人工制品或一系列人工制品的方案。”什么是人工制品？工业领袖们简单粗暴地把整个设计学科置于一个精神盒子里，上面标有“新品海报”。后来，他们把设计移到一个更小的盒子里，上面标有“造型”。就在不久前，CNET 的一位评论员评价黑莓

7130c 手机时说："手机设计不错，但性能如何？"

如今，我们需要给设计下一个更广泛的定义，其中关键指标是性能而非造型。实际上，著名社会科学家、诺贝尔奖得主赫伯特·西蒙早在 40 年前便为这一全新定义打下了基础。在《人工科学》一书中，西蒙写道："凡是以将现存情形改变成想望情形为目标而构想行动方案的人都在搞设计。"注意"凡是""改变"和"情形"这些由西蒙精心选取的词，还要注意"艺术家""造型"和"人工制品"这些有意省略的词。无论是海报还是烤面包机（新品），都不会出现在西蒙字典里的插图页。西蒙认为设计不仅是针对产品造型和传播的手段，更是改变的有力手段。

如果接受西蒙的说法，放弃浮华言辞和教条主义，我们最终会得到一个全新的定义，这个定义强大到足以重塑 21 世纪商业运作方式：设计即改变。

西蒙说，成为设计师

西蒙认为，任何试图改善某一情形的人都是设计师。换句话说，你无须获得艺术硕士学位再从事设计，只需找到一个值得改善的情形，接着完成创意过程。当然，这一描述完美契合建筑师、艺术家、作曲家、电影导演、工程师和其他常见的设计职业，但同时也适用于医生、科学家、心理学家、警探、军事战略家、供应链经理、广告策划师和设施经理。此外，它还适用于所有领导者，因为领导这一行为使人们离开现存情形，进入想望情形。从这个意义上来讲，摩西是一名设计师。同样，至少有一名员工的公司领导也是设计师。

虽然人人都会在某些情况下运用设计思维，但是某些人尤其适合发展设计思维。这些人往往同理心强、直觉敏锐、富于想象、理想主义。可惜的是，从传统商业的角度来看，这些特征意味着心肠软、逻辑差、不专注，又顽固。所以，我们得花点时间，深入讨论一下。

同理心强。在商界，同理心有助于理解顾客、同事、合作伙伴和供应商的动机，同人们建立更牢固的情感纽带。在客户关系一输一赢的时代，这种特质可能是种阻碍，但在当今以客户为中心的市场中，同理心非常宝贵。销售人员可借助同理心设计方案，解决客户问题；管理者可借助同理心打造高效团队；环境设计师可借助同理心设计参与体验。

直觉敏锐。直觉是认清现状的捷径。逻辑思维以A—B—C—D的线性方式处理问题，而直觉思维则以C—B—D—A的方式跳跃着前进，还额外奉送R—K—Z—P。我有提到Q吗？逻辑思维有助于证明观点，而直觉思维则有助于认清全局。文案人员可借助直觉思维设计词语组合，在读者的脑海中迸发意义；人力资源专家可借助直觉思维来设计招聘方案，加强公司的文化建设；首席执行官可借助直觉思维考察问题的各个部分怎样组合在一起。当你把理性和直觉这两种思维方式结合起来，便具备了成为干练领导的潜质。

富于想象。正式员工中要是没几个漫不经心的人，创新就无从谈起。全新的理念源自发散思维而非收敛思维。正如创意专家爱德华·德·波诺所言："把同一个洞挖得再深也不等于挖出一个新洞。"研发工程师利用想象力设计出颠覆性的产品平台；零售经理利用想象力设计真实有效的方法以建立客户忠诚度；网页设计师利用想象力链接不同的理念、活动和资源，令人意外又满意。

理想主义。创造性人格通常被认为是矫揉造作、任性妄为、不切实际。他们总是关注错误、缺失或他们认为需要改变的方面，这一怪癖众人皆知。然而，如果你们公司的目标是改善现有情形，那么在一定程度上这些人恰恰是你所需要的。比方说，理想主义的工业设计师能够设计出更和谐的人机关系；理想主义的财务主管能够设计出更透明的财务报告框架；理想主义的企业家能够设计出生态驱动的商业模式。

创造性思维有何不同

设计与其他活动相比不仅结果（西蒙所谓的想望情形）不同，产生结果的心理、生理过程也不同。愿景和现实之间存在尴尬的鸿沟，设计由此产生。愿景与现实之鸿沟充满了“创造性张力”，对有创造力的人来说是一种强大的能量源。航海早期，地图绘制者会在图上神秘的缺口处标上令人振奋的警示，例如“有龙”。愿景与现实之鸿沟有“龙”，真正有创造力的人不由自主地被吸引，并与之战斗。

按照最基本的形式来看，鸿沟是介于“是什么”和“可能是什么”之间的地带。西方思维主要关注“是什么”，因此非常善于分析和论证。传统企业把“是什么”置于驾驶座，却把“可能是什么”系在儿童座椅上，以防打扰驾驶员。但设想一下完全依靠“是什么”思维运转的资本主义社会：不敢冒险，没有收获。各个公司看起来就像毫无二致的汽车，都配有极小的引擎和超大的刹车。

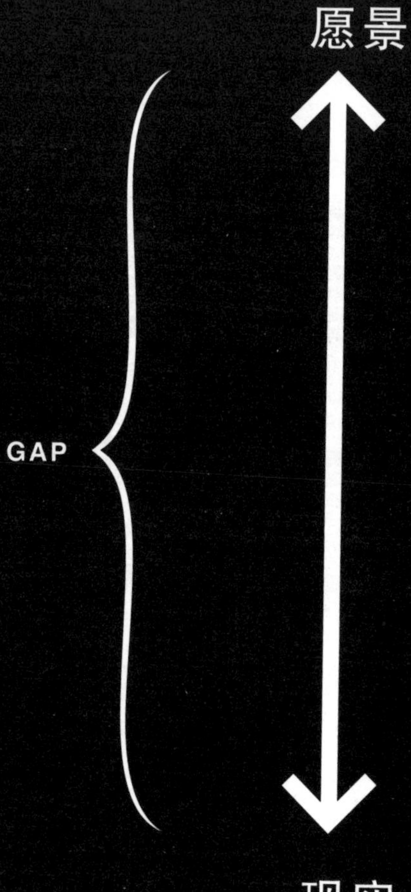
愿景
GAP
现实

鸿沟

罗特曼管理学院院长罗杰·马丁深入思考了商业推理和设计推理之间的区别。针对商业，马丁提出既要使用归纳推理（观察事物运作），也要使用演绎推理（证实某事）。针对设计，他提出了“溯因”推理（想象某事可能是什么）。归纳推理和演绎推理适用于已知公式的“算法式”任务，但不适用于处理谜团重重的“启发式”任务。算法式任务诸如构建供应链，或者为新产品线定价。启发式任务诸如促进供应商关系，或者理解消费者行为。启发式任务不受固定规则的限制，往往需要动态指引。

然而，大多数商业人士接受的训练是将任务重新界定为熟悉的案例，或是转而选择适合自己现有技能的任务，从而消除任务中的神秘因素。诚如马丁所想，假如21世纪的价值创造将是和“龙”较量，那么商业人士必须学着像设计师那样思考，成为启发大师，而非算法管理员。

一则关于一位广告业朋友的小故事就能说明人们对溯因推理的偏见。几年前，一位客户给了他一项任务，要求他提升某次直接邮件活动的效果，该活动收到的回复率为 1.8%，未达到公司预期的 2.1%。我朋友溯因推理能力堪称一绝，他不仅重新设计了活动，还彻底改变了直接邮件的全部概念。他编排了完整的“产品故事”，在 5 周内以一系列“章节”的形式发送。这一概念带来了 31% 的回复率，但客户突然解雇了他，客户解释说“31% 难以为继”。他们根本无法将此次成功纳入自己的参考体系，并且认为坚持渐进式的提升比应对无法预测或无法理解的结果要来得好。

恐惧失败、厌恶不可预见性、执着于地位，这些都是创新的主要杀手。无情消除一切误差是 20 世纪管理学的一大特色。然而，误差作为混乱、迭代和创意过程的必要组成部分，理应被接纳。正如 IDEO 设计公司的汤姆·凯利所说：“只要锐意向前，跌倒也没关系。”

设计前路

商学院借用案例研究无意间加强了对溯因推理的偏见，假定某一问题的答案就包含于一两家公司的特定经验中。但事实是，一家公司的经验并不总能迁移到另一家公司。不能像从成衣货架上选购裤子一样，从“解答货架”上选择解决方案。现实生活中，你需要根据当下的独特挑战量体裁衣，调整决定，虽然通常量不全，灯光又暗也裁不好。

在这种情况下，不能**决定**前路，必须**设计**前路。

这两种模式之间的差异显著。决定模式借助设备选方案已经存在（于案例研究之中），但是决定将尤为困难。设计模式假定必须设想新对策（通过使用设计过程），一旦设想成功，就很容易作出决定。事实上，21世纪的成功将取决于寻求这两种模式的恰当结合。

凯斯西储大学魏瑟赫德管理学院教授理查德·博兰表示：“当今管理者的问题在于，脑子里闪现出第一个念

在这个日新月异的时代，
现成的解决方案远远不够。

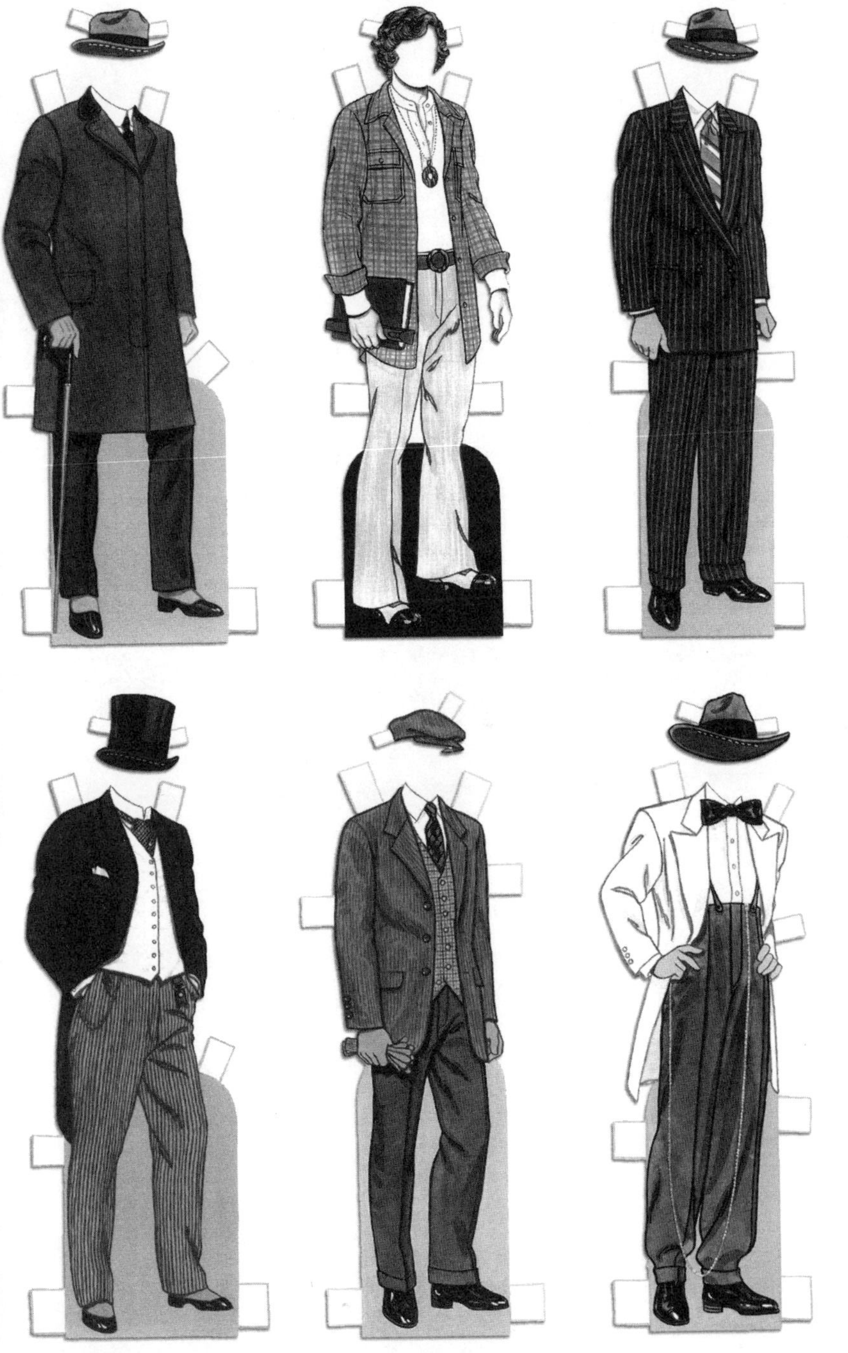

头时就着手去干。”博兰花了几个月的时间，去研究建筑师弗兰克·盖里的设计过程，最后总结道：“全面的思索在传统管理中缺失，但在设计中可以找到。”

当然，依赖决定模式的管理者会找到理由解释为何将设计模式排除在考虑范围之外：“我们没有时间。”“预算不允许。”“政治问题太棘手。”“我们的文化太保守了。”这些都不是真正的理由，只是借口，迫使公司未来面临有限的选择。传统的管理模式是个名副其实的旧货店，兜售陈旧观念，均为以往的需求和以前的时代量身定做。旧模式已久无创新，久到曾将商业管理视为革命事业的弗雷德里克·泰勒、亨利·福特、阿尔弗雷德·斯隆等人都早已不在了，我们需要新一批革命者来扩充可能性。

与此同时，我们正目睹一种管理模式的崩溃。这种模式缺乏理念，总指望通过财务操纵“解锁”财富，不曾想通过设计型革新“创造”财富。博兰认为，安然公司的失败不仅败于伦理道德，也败于想象力。安然管理者忙着用复杂的交易隐藏债务，因为他们确实没有更好的主意。许多领域里，创建企业这一由来已久的美国梦已经堕落为“交易之梦”，其中欠缺的是富有想象力的理想主义设计。

要解决诸如安然公司面临的此类“抗解问题”，关键在于设计师欣然接受悖论的能力，也就是愿意待在“龙坑”，无论需要多久，都愿意勇敢面对创造性张力带来的不安，直到矛盾问题得以解决。两侧对称的进化原则将这一能力赋予所有人，不仅仅是设计师。我们生来就有两只眼睛、两只耳朵、两只手和两个大脑半球。两只眼睛赋予我们不同视角，两只耳朵告诉我们声音方位，两只手赋予我们使用工具的能力，而大脑两侧赋予我们用逻辑和直觉双钳牢牢把握问题的能力。

伦敦一家领先设计公司 The Partners 将该技能称为“第三大脑思维”。当左右脑协同工作时，第三大脑就会出现，完成两个大脑半球都无法单独完成的工作。第三大脑象征着整体思维，是将“设计思想”植入企业文化的完美模式。第三大脑思考者不会满足于简单的选项，他们像团队一般工作，直到在看似对立的需求中求得双赢局面。

第三大脑思考者能跳脱出问题，又能深入问题。他们跳脱出来以把握问题在更大局面中所处的位置，然后又深入问题，专注于细节。跳脱有利于战略差异化，而深入有利于提高质量。对于第三大脑思考者来说，未能将差异化和质量完美结合的商业解决方案没有多大意义，其价值也存疑。苹果公司的首席执行官史蒂夫·乔布斯相当于行走的第三大脑。多年前，乔布斯带领公司突破竞争威胁遍布的雷区时，坚持要暂时搁置一批用于曼哈顿首家苹果门店的意大利大理石，直到他能查出纹理样式。对于设计型头脑，似乎没有什么问题大到不可思议，也没有什么问题小到可以忽略不计。

当今企业领导人面临的一系列问题中，一个共同的主题就是非此即彼性质的权衡取舍。这正是“抗解问题”的“抗解”之处。设计型领导不接受陈旧观念，比如说成本削减和创新互不相容、短期目标和长期目标不可调和。他们反对“非此即彼”的暴政，赞成“调和并存”的智慧。

伴随着持续变化而来的模糊性和不确定性会让设计型领导兴奋不已。他们受到驱动去**创造**财富，而非单纯地“解锁”财富。他们愿意以最佳方案的虚假安全来换取全新方案带来的不安全感。设计型领导几乎等同于创造性艺术家。作曲家费卢乔·布索尼曾说：“创造性艺术家的职能在于制定规则，而不是遵循已有的规则。”

认识，创造，实践

从 20 世纪中期起，训练有素的设计师开始标榜各式各样的设计流程，以此实现自身地位从“另类用人”向“严肃专家”的转变。许多设计流程出现，但大多数都是单向流程，引导项目通过不同阶段。若是抛开所有商标术语和特定修饰，所有流程都可以归结为 4 个基本阶段：发现、构思、改进、生产。这种逻辑顺序让企业管理者感到宽慰，因为这样一来，设计就可以像生产过程一样被管理、跟踪、比较和度量。

尽管抱有审慎的初衷，但用这一顺序形容创意过程，并不比用婚礼形容性行为好到哪儿去。真正的创造性行为要自由得多。强调过程必须井井有条的人必然会创造出平庸的结果，因为过于有序的过程杜绝了灵感闪现。打破规则的创新需要具备游戏精神，具备愉悦感，拒绝被严格方法所限制。设计是一个“玩乐”（ludic）的过程，该词源自拉丁语 LUDERE，意思就是“玩”。

你不能要求设计师在9点半之前想出一个创意，只有当设计师在逻辑和直觉之间来回穿梭时，整个设计过程才能“玩”出来。

要理解设计流程，最容易的办法是看看它与传统商业流程有何不同。工业时代的商业流程强调两项主要活动：认识和实践。依照标准解决方案分析问题，然后执行解决方案。传统化公司只有大脑和双腿，设计型公司则添加了第三项活动：创造。分析问题，“创造”一组全新选项，然后执行解决方案。在“认识”和“实践”之间加入“创造”，你就可以呈现一种解决问题的全新方式。多了一双手，大脑和双腿都升级了。

然而，设计师其实并非“解决”问题，而是“推进”问题。设计师使用非逻辑过程，难以用语言表达，但容易在行动中展现。他们以微缩模型、实物模型、草图和故事为表达方式，在“认识”与“实践”之间活动，凭借同理心、直觉、想象力和理想主义4项优势，设计出全新的解决方案。

在创造模式中，设计师一向不知道结果如何，但他们边行动边了解。系统思考学者唐纳德·舍恩将这一现象称为“行动中反思”，并将其描述为“动态认知过程”。这一过程基于所有熟练的反应技能，而非知识体系。很难解释清楚我们所谓的实践者的“艺术技巧”是什么。

认识

实践

就像是画家一次画一笔，慢慢呈现画布的全貌，行动中的反思结合了思考和行动，总是发生在当下，通常发生在压力之下，但思绪不停。这项技能并非专业设计师独享，其他职业也有在行动中反思的例子。例如，医生面对一系列异常症状，会发明或尝试新型诊断方法；银行家评估信用风险时，面对看似正常的数据，仍“感觉”不对劲；市场研究人员“倾听市场声音”，发觉现有产品具有潜力巨大的全新用途。

最具创新性的设计师则更进一步。他们有意识地拒绝标准选项，培养“出错思维”的偏好。苹果电脑公司的明星设计师乔纳森·艾夫说：“本团队的一大特点就是感觉奔着出错而去……因为这样才能知道你发现了新东西。”

C2是一家咨询公司，位于太平洋沿岸著名的半月湾冲浪胜地附近，出错思维即C2存在的理由。这家公司擅长让所有战略家和高管团队特立独行地思考。当然，很多时候想错了就是错了，但有时出错思维的效果比正确思维的效果好得多。

物理学家弗里曼·戴森认为错误的出现反而证实了真正的创造力。他说：“伟大的创新出现时，几乎肯定是以一种混乱、残缺和令人困惑的形式出现。任何乍一看不算疯狂的猜测都没有前途。如果一家公司机械地从认

认识

创造

实践

识跨越到实践，创新就无从谈起。要想创新，公司不仅需要头脑认识，需要双腿实践，还需要直觉之手创造。

有机驱动

麦肯锡公司在 2007 年做过一项研究，考察了 1077 家公司 11 年间的业绩。结果表明，只有不到 1% 的公司在收入增长和盈利能力上均能胜过竞争对手。排名前 9 位的公司有两个共同点：（1）对有机增长的偏好胜过收购；（2）特别依赖强势品牌等无形资产来推动业绩。

可持续增长和盈利能力既不是通过遏制投资流动从未来预支，也不是在商业模式崩溃之际从过去榨取。持久的荣耀，顾名思义是可持续的。可持续性表面上看得益于运气好，将诸多互不相关的成功事件串在了一起，但真正的可持续性要归因于自觉构建创新文化。

例如，通用电气首席执行官杰夫·伊梅尔特定下目标，要成为全球最大增长型公司。然而为了保持目前的增长速度，通用电气得每年新增一项像耐克一样利润丰厚的业务。但通用电气并没有这样做，而是通过重新设计战略规划、高管培训和财务审查等核心流程，试图实现有机增长。虽然收购可能会暂时小幅提高盈利能力，但有机增长才是持续输出的不竭之源。

波士顿咨询公司近期对 940 名主管做了调查，这些主管表示，有机增长对他们的成功绝对“至关重要”。不过，只有不到一半的调查对象对研发投资的回报感到满意。为什么会这样？因为有机增长就像园艺活，速生肥料无法保证长期收获。园丁会很乐意和你分享唯一有效的方法：“第一年，沉睡。第二年，蜕变。第三年，飞

愿景 → 文化 → 创新

跃。”要让花园在不同发展阶段都储备有新事物，这样，在任何季节，总有沉睡着的，总有蜕变着的，也总有实现飞跃的。

要问首席执行官是什么让他们夜不能寐，答案通常是股东价值。要问他们是什么推动股票价格，答案往往是收益增长。要问是什么推动收益增长，答案可能是创新，也可能是茫然凝视。要是更深入地探究是什么推动

创新，只有少数人明白创新源于企业文化。要问是什么引导企业文化，更少的人会说远见卓识的领导是培养创新文化的关键。

但这就是有机增长的运作方式。如果你想要推动股价上涨并维持下去，就需要投资愿景、文化和创新，而非投资诸如收购、股票回购和大规模广告宣传之类促进快速增长的权宜之计。这些方法可以产生短期效果，可一旦你停止投资，效果通常也会停止，一切又回到原点。

→ 增长 → 价值

麦肯锡公司发现，在 20 世纪 90 年代投资收购的 157 家公司中，仅 12% 的公司增长速度超过了同行，仅 7 家公司的股东回报率高于平均水平。收购并不总是坏事，当用收购来实现愿景、充实文化、推动创新，而不是短期维持股东价值时，收购的效果才最好。管理者使用的许多传统工具，诸如公关、广告、游说、律师介入和财务干涉，都是有问题的，因为这些工具以牺牲长期财富为代价鼓励短期投资。

但假设你把投资带回正轨，更注重投资创新而非收购、回购和各种说服工具。要是你专注于打造优良的客户体验又会怎样？这正是苹果公司一直以来所坚持的。在过去 10 年里，该公司股价上涨了 1273 个百分点，高于任意科技市场的平均水平。《华尔街日报》曾询问苹果公司首席执行官史蒂夫·乔布斯将如何保持这一势头，乔布斯回答说："我们打算继续创新。"

苹果公司可以不断创新是因为有创新的**文化**，革命、革新和敏捷性诸要素都已融入公司血脉。商业历史上不乏昙花一现的创新之举，但创新文化却寥寥无几。要建立创新文化，公司必须使自己处于不断重塑的状态。创新理念必须成为惯例，而非个例。

作为 20 世纪 90 年代曾改变 IBM 的人，路易斯·郭士纳曾直言不讳地倡导组织文化。他说："文化不只是竞争的其中一方面，文化**就是**竞争本身。愿景、战略、营销、财务管理，其实任何管理体系都能带你走上正途，并暂时助你前行。"但是，如果这些管理要素没有成为企业 DNA 的一部分，任何企业的成功都不会长久，不论是在商业、政府、教育、医疗保健还是其他任何人类奋斗的领域。

并购、去并购、分拆、股票回购，以及其他"解锁"

股东财富的要素都有其内在局限。从某一刻起，就不能再“解锁”财富了，必须要创造财富。而要创造任何东西，特别是财富，设计思维是最好的工具。

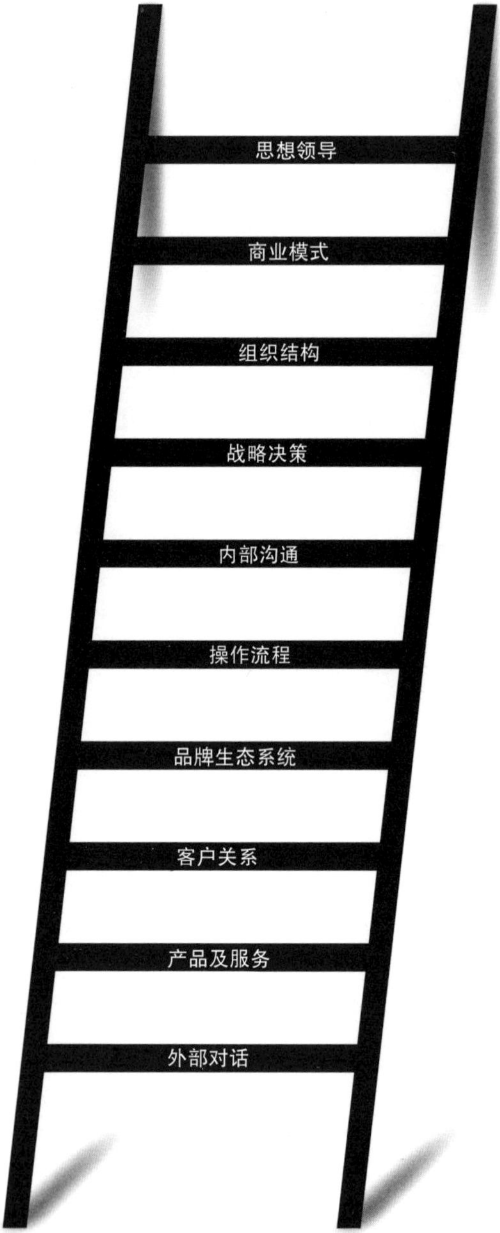
思想领导
商业模式
组织结构
战略决策
内部沟通
操作流程
品牌生态系统
客户关系
产品及服务
外部对话

设计之梯

要为公司获得最大优势，可以把设计思维运用在哪里？你当然可以把设计思维应用在产品和传播的传统领域，并且绝对应该这样做。在研发、工业设计、营销传播、在线广告和品牌识别等领域，设计发挥作用的可能性只探索出了冰山一角。但有一件事是肯定的，革命不会经由电视发生。制造一般的产品，继而通过大规模广告将其推向市场的时代已经结束。取而代之的是什么呢？是设计，包括网络广告的设计。

但如果你沿着阶梯向上攀爬会怎样？你会发现设计还可以应用于打造消费者体验，如求助热线、客户服务、在线互动、现场活动、购物环境、导示系统，以及产品或服务相关的其他品牌要素。贝恩公司的一项研究显示，80% 的主管认为他们在客户服务方面表现出色，但只有 8% 的客户表示同意。聪明的公司正满怀热情地处理这一服务缺口。最近，我和全食超市的一位员工闲聊了几句，

INTERACTIVITY
ABORATIONEMOTION
MYFRICTIONLES
GANIZATIONSINTELLE
IZATIONCOMPUTINGELECTRONI
NAGEGRAPHICALUSER
INGSINTELLECTUALPROPE
SPACEEXPLORATIONLATERALTHIN
IONBEZIERCURVES
EVISIONBROADCASTIN
OGRAPHYCOLLECTIVE
BENEFITSCORPORATEIDENTI
RTMENTSTORESXRAYS
ITARIANISMDAGUERREOTYPE
OMAGNETISMTHER
OREGASLIGHTINGENLIGHTEN
ESDIDEROTSENCYCLOPED
BOOKKEEPINGCIRCU
GAZETTESSHORTHAND
NGWHEELSTAINEDGLASS
OWDERCASTIRON
OSAICSMEGAPHONELIBRAR
ETHODILLUMINATEDMANUSCR
ASUREMENTPAPERMA
MATICSHORSEDRAWNVEHICLES

他向我吐露自己其实不是收银员，而是“环境体验专员”。

从设计体验开始，再沿梯往上一小步，把注意力集中于品牌生态系统，包括投资者、合作伙伴、供应商，以及对公司声誉和成就有贡献的员工在内的整个群体。为确保一个公平、可持续的生态系统，人人必须有所付出，同时人人必须有所收获。付出和收获并非完全偶然，而是可以被设计出来的。

继续沿梯而上，设计思维可以操作流程为目标，创造新途径以精简创新、应用度量标准、优化供应链，同时开展一系列活动，帮助员工和合作伙伴更有效地配合。

如果你想在创新上超过竞争对手，首先必须学得更多更快。设计可以用来改变关键信息的流动，也可以用来创建动态培训方案，使公司成为不断学习的强大组织。设计沿梯爬得越高，产生的影响就越大。

如果设计等同于改变，那么策略就等同于设计。沿袭以往的经营已无法获得竞争优势。对于某些问题，有时甚至是“抗解问题”，在其他公司尚未准备好应对之际，你就要为这些问题设计全新的解决方案。有意识地应用设计思维和视觉模型，不仅能提高战略选择的数量和质量，而且能帮助决策者将大胆的行动可视化，并且降低风险。

若不设计组织结构助力，大胆的行动将很难执行。设计思维应用于报告结构、协作模型和物理工作环境时，能带来无可比拟的竞争优势。

设计思维也会影响商业模式，或者是影响公司盈利方式。若你所在的公司是一家提供多产品或多服务的公司，设计思维可以组织并简化品牌架构，从而降低系统的复杂性和投入成本。

最后，在梯子的最顶端，可以将设计思维应用于思想领导，借此激活企业驱动系统。公司的使命、价值观、目标和营收信息的传达，如果经过设计打磨至高包容度，将促使公司加速发展，跨越无数或有形或无形的坑坑洼洼。

纵览有史以来最伟大的创新，你会注意到只有极少数是产品创新或传播创新，大多反而是诸如控制论、数学、长弓、航海、活字印刷、铁犁和公共教育之类的突破。在 Neutron，我们在接待处的墙上刻了约 200 个此类字眼，以保持高瞻远瞩。

我们会和客户玩个纸牌小游戏，叫作“你到底想要什么”？游戏相当简单：将不同方案划分为创见性、战略性和战术性级别，再按时间轴从左到右排列，来确定方案的优先级。例如，如果客户要求我们帮忙做分析报告，我们可能会说：“没问题，但你到底想要什么？一份陈述还是提振股价？”

如果你想最大限度地发挥设计的影响力，沿着设计之梯向上爬总是没错的。

你到底想要什么?
调整业务重心
你到底想要什么?
释放组织才能
你到底想要什么?
增加品牌差异性
你到底想要什么?
攀爬定位之梯
你到底想要什么?
提高合作效率
你到底想要什么?
开发更好的工具和流程
你到底想要什么?
重塑品牌架构

你到底想要什么?

发明下一件了不起的东西

你到底想要什么?

加速增长

你到底想要什么?

建立一家经久不衰的公司

你到底想要什么?

发掘未经开发的市场空间

问对问题能帮助公司思考到底想要什么。

你到底想要什么?

建立竞争壁垒

你到底想要什么?

推出有说服力的广告宣传

你到底想要什么?

确立品牌教育计划

第二部分　美学的重生

感官语言

我并非13世纪哲学家托马斯·阿奎纳的忠实粉丝，但我必须承认，第一次读到“Ad pulcritudenum tria requiruntur integritas, consonantia, claritas”时，我心服首肯。粗略地翻译一下，他的意思是美需要具有三种品质：完整、和谐和光辉。**完整**是指从背景中脱颖而出的品质；**和谐**是各部分与整体的关系；**光辉**是我们体验美的愉悦感。在亚里士多德看来，美的语言就是**美学**。

但美学与21世纪的商业有什么关系呢？难道美学不是随着美第奇家族的消亡而消亡了吗？难道策略不比美感更强大吗？别急着下结论。想法在完善、润色、产生之前，仅仅是一种意向。尽管设计思维可以提供创新所需的原始马力，设计执行才是关键所在，而美学给予我们实现完美执行的工具箱。

一些现代哲学家声称美是普遍的，将我们的感官和深层进化趋势联系起来。另一些现代哲学家则认为美是联想的，从瞬息的信号中汲取能量。我认为美既是普遍的又是联想的。

无论我们是谁、住在哪里、有何信仰，总有一些形状、声音、气味、比例和式样触发着我们的情感按钮，还有一些东西会随着每个人的观点或情况而改变。婴儿圆圆的脸蛋让我们每一个人心生喜爱，而大众甲壳虫汽车圆润的造型可能只对甲壳虫迷有吸引力。

当然，人人都清楚美学原理可以应用于设计挡泥板的曲线、网页的排版或是系列服装的款式。美学原理还可以应用于上游战略、组织变革和市场声誉。比如，增强差异化时，你实际上应用了完整原则；优化协同效应时，应用了和谐原则；提升客户体验时，应用了光辉原则。

大多数人都赞同经营有方的企业蕴含着美感，但我想把问题更进一步：那些能激活其他艺术形式的原则很快将在管理艺术中变得举足轻重，为什么会这样呢？因为我们的文化越向技术化发展，我们就越需要美感所包含的感官力量和隐喻力量。

管理美学

比较	我们如何与众不同?
层次	我们怎样取得不同层次的成功?
焦点	我们不该做什么?
和谐	我们如何实现协同效应?
完整	我们如何用部分构成整体?
路线	随着时间推移，我们的轨迹是什么?
动态	速度能为我们带来什么优势?
新颖	我们如何运用惊喜元素?
条理	我们怎样组织团队?
式样	我们之前在哪里见过?
重复	规模经济有无用武之地?
节奏	我们怎样优化时间利用?
比例	我们怎样保持战略平衡?
规模	我们的业务应该有多大规模?
形状	边界应该设在哪里?
质感	细节如何给我们的文化增添活力?
统一	高阶解决方案是什么?
多样	多样性如何驱动创新?

自然界的美感从来不是随意的

著名建筑设计师莫瑟·萨夫迪指出，自然界中的美感是功能的副产品。花朵的颜色和形状源于吸引昆虫的需要，昆虫的颜色和构造源于在花朵中伪装的需要。

通常情况下，我们对事物益处的欣赏才是赋予事物美感的原因。蓝天的美在于其保证了清新空气；肌肉发达的身体的美在于其象征健康；橡树的美在于其提供树荫、庇护和食物。出于同样的原因，阿斯顿·马丁跑车的美在于具备气动效率；艾伦办公椅的美在于舒适无比；爱因斯坦相对论的美在于既深刻又简洁。

我们将美感赋予欣赏之物，然后就开始欣赏其他展现同样美感的事物。起初，艾伦办公椅因其“怪异”的外观被嗤之以鼻。后来，当这种样式的椅子等同于舒适享受时，人们开始觉得它很美。不怎么挑剔的人开始寻求看起来一样的仿制椅，希望以更低的价格得到同样的舒适和地位。因此，我们经常用美感来代表品质。

PAX GROGP受到大自然启发而开发的产品彰显出美感是超高效率的体现。

巴克明斯特·富勒曾说过:“我解决问题时从来不考虑美感，但当我处理完，如果解决方案没有美感，我知道这里头肯定有问题。”在数学领域，庞加莱可以根据一个解的美学高雅程度来判断它的质量。软件开发人员可以通过编码语言的形状和效率识别优秀算法。大自然中的数学之美有着充分的证据，例如分形学令人叹为观止的复杂性，跨学科理论惊人的一致性，以及几何学古老而又神圣的比例。

以斐波那契数列为例。整个数列就像是儿童游戏:序列中的每个数字都是前两个数字之和，由此得到一个序列，形似1，1，2，3，5，8，13，21，34……在自然界中，这一序列出现在松果和棕榈树的式样中，出现在洋蓟叶和西蓝花上，出现在鹦鹉螺壳的外形中，这些贝壳的壳壁以同样的规律螺旋式向外。

一家名为PAX GROUP的公司借助斐波那契几何重新设计风扇叶片的形状。他们设计的风扇叶片节能率达15%—35%，噪声减少了50%—75%。这就是美感发力时带来的可能性。

列奥纳多·达·芬奇在笔记本上写道:“我们永远不可能找到比大自然的创造更美丽、更简单、更经济的发明……大自然的发明，什么都不缺，什么都不多。”

仿生学专家珍妮·班亚斯解释说，大自然用极少数材料设计产物，用形状打造功能。班亚斯指出，任何看着像塑料的天然材料都属于 5 种简单聚合物。有机体需要聚合物，所以聚合物很容易回到地面循环。相比之下，我们在制造业中使用了 350 种复杂的聚合物，这就是回收利用如此困难的原因。班亚斯说："设计的挑战是学习如何打造形状。"

杰士音响设计了号角负载音箱，灵感来自人类耳朵的形状。这种设计使音箱能够精准地发出柔和又响亮的声音，产生高度定向的声音模式，提供非加重的低音、

壁虎脚垫上的细小毛发给设计可重复使用的强力黏合剂带来了启发。

中音和高音音域，并且效率极高。公司创始人保罗·杰士经常说：“质量与效率呈直接正相关。”

简单和效率是贯穿美学的两条主线。所有生物都有节省的本能。熵代表着所有系统失去能量的趋势，而有效利用能源、材料和食物是抵抗熵增的最佳途径。简单和效率巩固了美学的地位，美学也在自然资源日益减少的时代为繁荣提供了有力的工具。

班亚斯说：“看到设计思维起作用令人惊叹不已。我只需告诉你生命的运作方式，然后设计师就会借此来改造世界。”

什么是优良设计

这是一个困扰了设计界几十年的问题。每次讨论，“美是个人的主观感受”的论断便会结束对话。有人说优良设计是“有效的”设计，还有人补充说，“有效”与否的裁定权在个体使用者。这时每个人都点点头，对话便结束了。但是这个问题从未彻底得到解决。

我相信有一个更广泛适用的答案。那就是优良设计没有那么依赖个人的主观感受，而是美学和伦理的结合。优良的设计体现人类的优点。诸如慷慨、勇敢、勤奋、诚实、真实、清晰、好奇、节俭和机智这类传统美德。相反，糟糕的设计体现人类的缺陷，如自私、恐惧、懒惰、欺骗、小气、混乱、冷漠、浪费和愚蠢。

换句话说，我们想从设计中得到的东西，和我们想从人类同胞身上得到的东西是一样的。把道德优点和审美优点结合起来，我们就得到了优良设计。古希腊人在认识、创造、实践的语境中构建了这一理想：“认识真理，创造美感，实践善行。”苹果公司创始人史蒂夫·乔布斯是这样表述的：“设计是人工创造的灵魂。”

道德品质如同美感一样，是瞬息即逝的特质。在显微镜下仔细观察时会消失，但当你在街上与它不期而遇时却清晰可见。20世纪的商业传统过于重视狭隘的、短期的成功，而低估广泛的、长期的成功，道德品质在此传统中缺失良久。全球商业领袖兼作家舒曼特拉·高沙尔称企业业务“社会化不足而且维度单一”。他说，传统的管理只会导致顾客不满、员工消极和社会分裂。

为什么要改变现状呢？因为现状必须改变。在一个消费者无所不能且无所不知的时代，在一个过度生产造成生态箱型峡谷的时代，自私地关注利润意味着糟糕的设计。相反，优良设计象征着新型管理模式，特意囊括了道德维度。这种模式不仅服务于股东，也服务于员工、客户、合作伙伴和社区。自工业时代以来，成功企业将首次成为设计型企业。

层次设计

任何想要建立现代企业的领导者，倒不如先研究一下早期一家叫作宫内大臣剧团的公司。这家公司的首席执行官威廉·莎士比亚充分利用了被称为层次的美学原则。通过设计多层次的娱乐产品，莎士比亚不仅使顾客数量增加，还提高了顾客满意度，促使这些顾客一次次当回头客。

从坐在顶层包厢里的皇室成员到站在浸满啤酒和尿渍的锯木屑上的底层群众，莎士比亚逐一关照各个阶层的观众。他撰写的对白在高雅哲学和低俗幽默之间有节奏地来回转换；他设置的场景在独白和打斗间交替；他创造的人物代表了各个社会阶层。这种策略带来利润了吗？我想的确如此。在职业生涯末期，莎士比亚拥有了伦敦最成功的演艺公司。

层次原则适用于任何公司。下图说明了它从内部愿景到外部品牌、企业的各个组成部分如何兼顾多层次的认识。如果说意义是新贵阶层，那么层次就是国王。

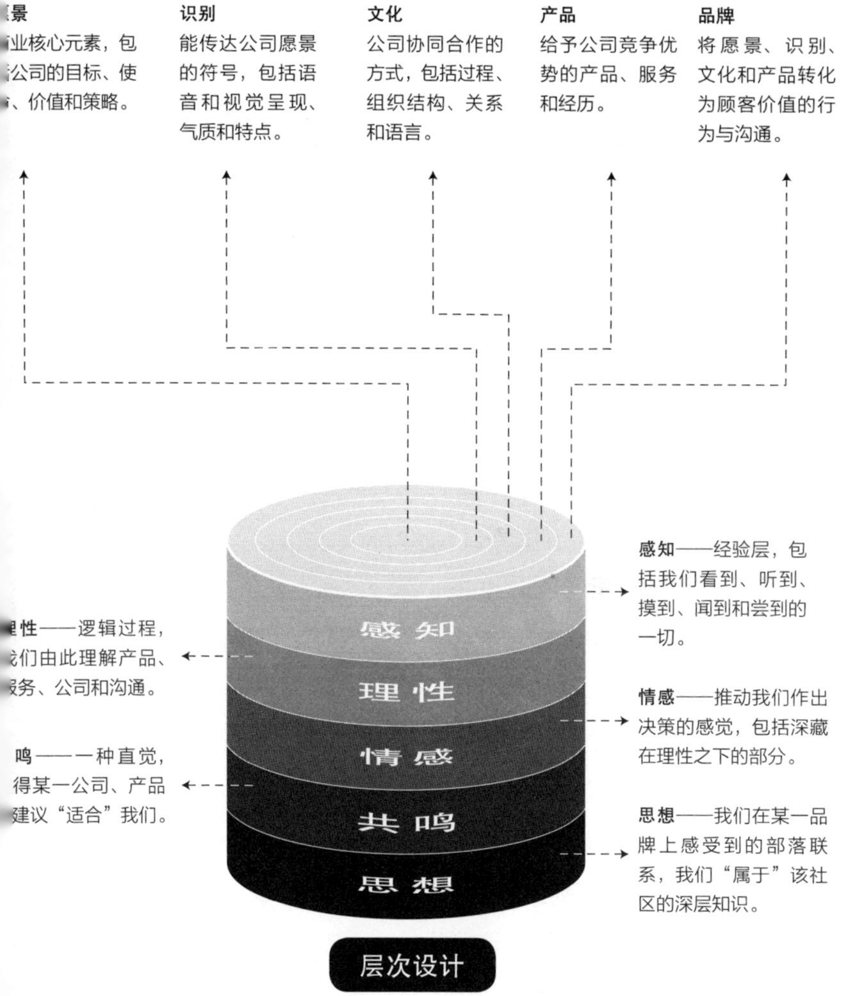
景
业核心元素，包
公司的目标、使
、价值和策略。
识别
能传达公司愿景的符号，包括语音和视觉呈现、气质和特点。
文化
公司协同合作的方式，包括过程、组织结构、关系和语言。
产品
给予公司竞争优势的产品、服务和经历。
品牌
将愿景、识别、文化和产品转化为顾客价值的行为与沟通。
感知
理性
情感
共鸣
思想
性——逻辑过程，
们由此理解产品、
务、公司和沟通。
鸣——一种直觉，
得某一公司、产品
建议“适合”我们。
感知——经验层，包括我们看到、听到、摸到、闻到和尝到的一切。
情感——推动我们作出决策的感觉，包括深藏在理性之下的部分。
思想——我们在某一品牌上感受到的部落联系，我们“属于”该社区的深层知识。

层次设计

第三部分　变革杠杆

创新的飞轮

企业的使命中充斥着陈词滥调:“我们的首要目标是创新。”“我们的愿景是开发创新性解决方案。”“创新是我们唯一的业务。”遗憾的是，不能简单地把“创新”放入品牌理念，然后期待奇迹随之而来。如果想创新，必须建立一种创新的**文化**。

借助飞轮效应，创新文化以极小的投入创造动力，在需要时可以释放出积蓄的巨大能量。创新文化便同迅捷的反应速度深度结合起来 。

当然，基于这一原则白手起家创建一家公司是一回事，如何转变一家正在经营中的公司又是另外一回事。秘诀就是利用杠杆点。本书该部分将与您分享一些我们给客户使用过的杠杆手段，曾帮助他们走上变革的轨道。由于每家公司都与众不同，我保证说明足够具有概括性，以留出解释的空间。虽然我把杠杆从 1—16 进行编号，但并不是说必须按照特定的顺序使用，也不是说每家公司都必须悉数使用 16 种方法来实现转变。

杠杆 1：应对“抗解问题”

托尼·施瓦茨创立“精力项目机构”的前提很有趣：我们最强大的资源是精力，而非时间。个人和组织可以扩充精力，却不能延展时间。因此，领导者必须成为组织内精力的管理者。

话是没错，但该怎么做呢？开展这一切的办法之一就是描绘一个令人神往且包罗万象的愿景，吸引公司里每个人的注意力。然后，你可以呼吁大家大胆提出想法，处理那些挡在愿景前面的“抗解问题”，特别是其他公司不敢解决的问题。你也可以奖励那些在行动与愿景上保持一致的员工和团队。

公司主张中引人注目的核心理念可以激发出惊人的热情。人们有足够大的目标时，往往能对小问题一击即中。结果就营造出一种释放潜人才并不断超越自身期望的文化。

《财富》杂志最近评选出的“100 家最适合工作的

LATENT

你能找到员工中
的潜人才吗?

公司”中，谷歌排名第一。实际上该公司每个职位都有100多名求职者。为什么会这样？因为免费午餐？日托服务？或者是股票期权？都不太可能，因为榜单上许多其他公司也提供类似的福利。其实是因为谷歌具有崇高愿景。要求员工共同“组织全球信息，实现共享共用”时，他们会心跳加快。同登月竞赛这一荡气回肠的目标相比，金钱诱惑和职场津贴相形见绌。

现在，让我们来看看一家公司对未来“放低预期”时将会如何。通用汽车是20世纪最成功的公司之一，拥有与丰田同期生产混合动力汽车的技术。碍于“做不了”文化，产品领导者不敢找董事会报备一个明知将花费数亿美元的项目。产品主管鲍勃·卢茨说：“最终，我们付出的代价远不止数亿美元。我们失去了技术领先和创新的声誉。”结果就是他们为了保住工作使品牌贬值。通用汽车的文化核心是恐惧而非愉快的创造，而潜人才正藏身于创造之中。

美国前劳工部部长、《超级资本主义》一书的作者罗伯特·赖克认为，领导的工作就是帮助人们战胜否定和怀疑，从而使他们能够“缩小理想与现实之间的差距”。这正是“龙坑”，处于“可以是什么”和“是什么”之间的创造性空间。领导能够清晰地表达令人信服的愿景，才能给人们创造的勇气。

事实证明，描绘一幅生动的未来图景纯粹是一个设计问题。将设计思维引入愿景时，可使用“创造”技能来发掘和阐明更广泛的选项。由此，你开始设计前行之路，而不仅仅是选定前行之路。

公司失败并非因为选择了错误的道路，而是因为无法设想更佳的道路。缺乏想象力的领导者从成品架上选取愿景，然后纳闷为何他们的领导没有追随者。很少有人能从安全又简单的愿景中获得灵感。星巴克创始人霍华德·舒尔茨如此表述：“谁稀罕唾手可得的梦想？”如果从一开始你的目标就是超越竞争对手，那么就应立鸿鹄之志。

杠杆 2：编个好故事

虽然变革必须由高层领导，但很少自上而下开始。变革精神已然存在于积极主动的员工和对品牌忠诚的客户心中。它体现在员工谈到自己的工作所讲述的独特故事中，也体现在顾客谈到喜爱的产品所讲述的独特故事中。通常情况下，领导者只需要扮演总编辑的角色，根据共同的愿景来塑造故事。

为了充分利用这一杠杆，围绕公司及产品所讲述的全部小故事，应该合起来组成一个宏观的故事。例如，如果把所有关于 MINI COOPER 的故事整合起来，会得到一个标题为“发动引擎”（*Let's Motor*）的宏观故事。该公司或其客户所讲述的故事，很少会与这个主要故事不一致。短短两个单词，宝马迷你捕捉到了对品牌的共同愿景，融合了部落包容性和聚焦差异化。

捷蓝航空打造品牌愿景时结合了丰富诙谐语音片段，以区别于传统的航空公司。该公司将这些语音片段发布在“免费媒体”上：椅背口袋里的说明卡、值机柜台上的触摸屏，以及网站上的座位选择页面都清楚地表明只有捷蓝航空愿意提供额外的伸腿空间。顾客呼叫捷蓝航空等待接通时，就会听到一个关于待接通的无厘头故事。电话里会响起安慰的声音：“别把这当成待接通（being put on hold），就当成被拥抱（being held）。”那声音接着又开始细数被人拥抱的愉悦，越说越欢乐。后来，能打通电话的顾客甚至主动要求等待接通。

把所有这些语音片段合在一起，就得到了一个宏观的故事：这家航空公司特别注重给乘客带来愉悦体验。这个宏观故事就成了公司实施每个决策的过滤器。

人类有解释和分享自身经验的欲望，于是故事看似不由自主地随之产生。然而，有些故事比其他故事“更吸引人”。在《让创意更有黏性》一书中，作者奇普·希思和丹·希思列举了大量故事，这些故事就像柯基犬身上的毛刺一样黏在我们的大脑里。其中最富启发性的是都市传奇，已经被证实为最具“黏性”的故事。是什么赋予了都市传奇魔术贴般的黏附力呢？两位作者认为，是因为都市传奇简单、意外、具体、可信、感性。把这5个原则应用到故事中，匹配关键信息，就能加深客户和公司之间的情感纽带。

捷蓝航空推出首条从纽约到加州的长途航线时，面临一个突如其来的问题：舒适低价的商业模式无法保障传统的餐饮服务。为解决餐饮问题，营销副总裁艾米·柯蒂斯–麦金泰尔只拿到了极微薄的预算：每乘客1美元。不想给乘客吃硬面包圈、薄片午餐肉和巧克力糖，她决定讲个故事。每个旅客都收到了一个航空公司的熟食袋，出乎意料的是里面装着一件T恤。T恤胸前是一只鸡的照片，标题是："大自然未曾打算让它飞翔。"后背写着："舒适真皮座椅，免费直播电视，便宜票价开销。不要橡胶鸡。"人们懂了，媒体赞了。捷蓝航空品牌一夜蹿红。

让我们把该故事的成功与希思兄弟列出的要点比较一下。（1）简单吗？无疑。（2）意外吗？同样无疑。（3）具体吗？当然，橡胶鸡很具体。（4）可信吗？当然，因为每个人都清楚自己总要为航空公司的食物买单。（5）感性吗？毫无疑问。想想其他航空公司，机舱狭小拥挤，毫无乐趣，价格又贵，我们强忍着吃了多少"牢饭"，这时那种宽慰、愉悦及复仇的满足感纷至沓来。

然而，公司以外也可能发生其他故事，并不总是愉快的。2007年，在一个繁忙的假日周末前夕，一场严重的冬季冰暴打乱了捷蓝航空的航班计划，导致航班误点、行李丢失、队伍长排和电话延迟，即使是幽默的"待接通"语音也于事无补。客户和媒体都不再友好，博客圈充斥着恐怖故事，破坏了捷蓝航空竭力打造的以客户为

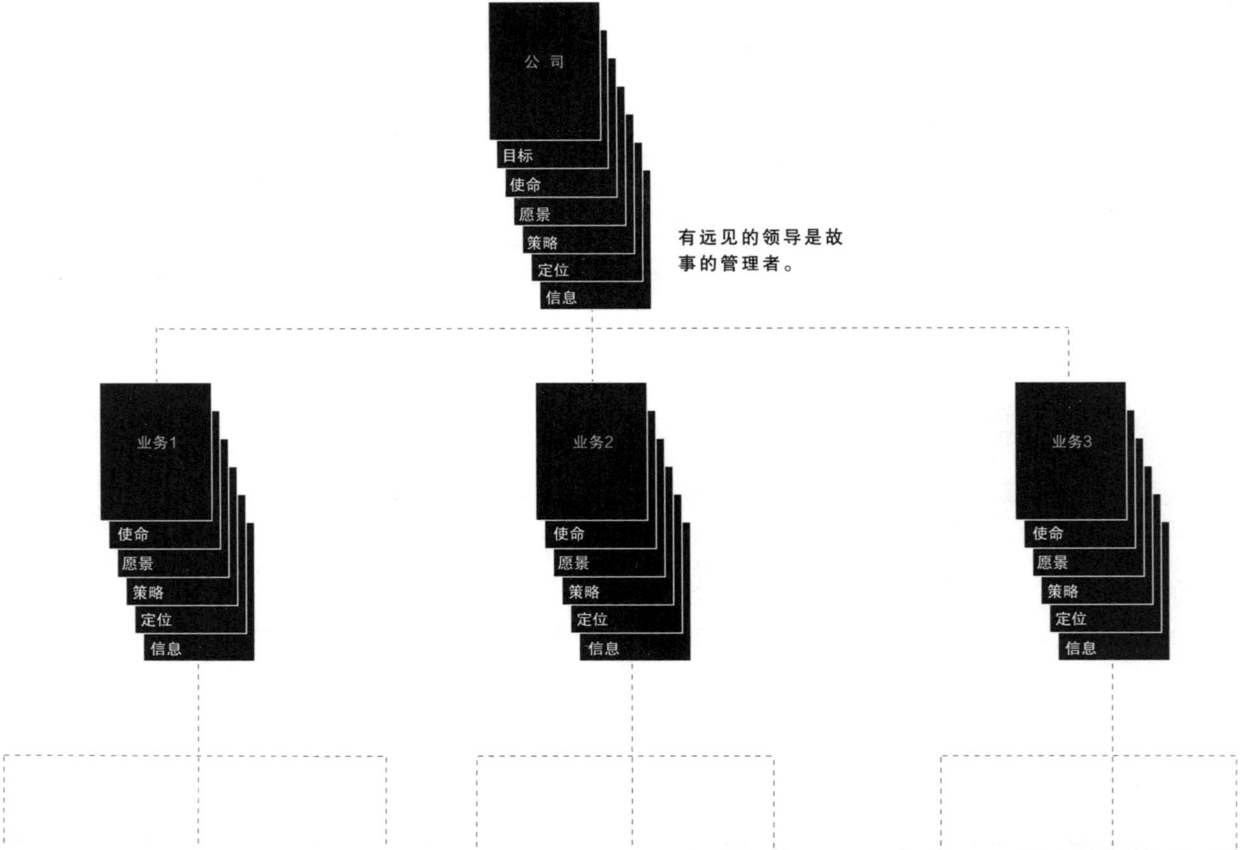

有远见的领导是故事的管理者。

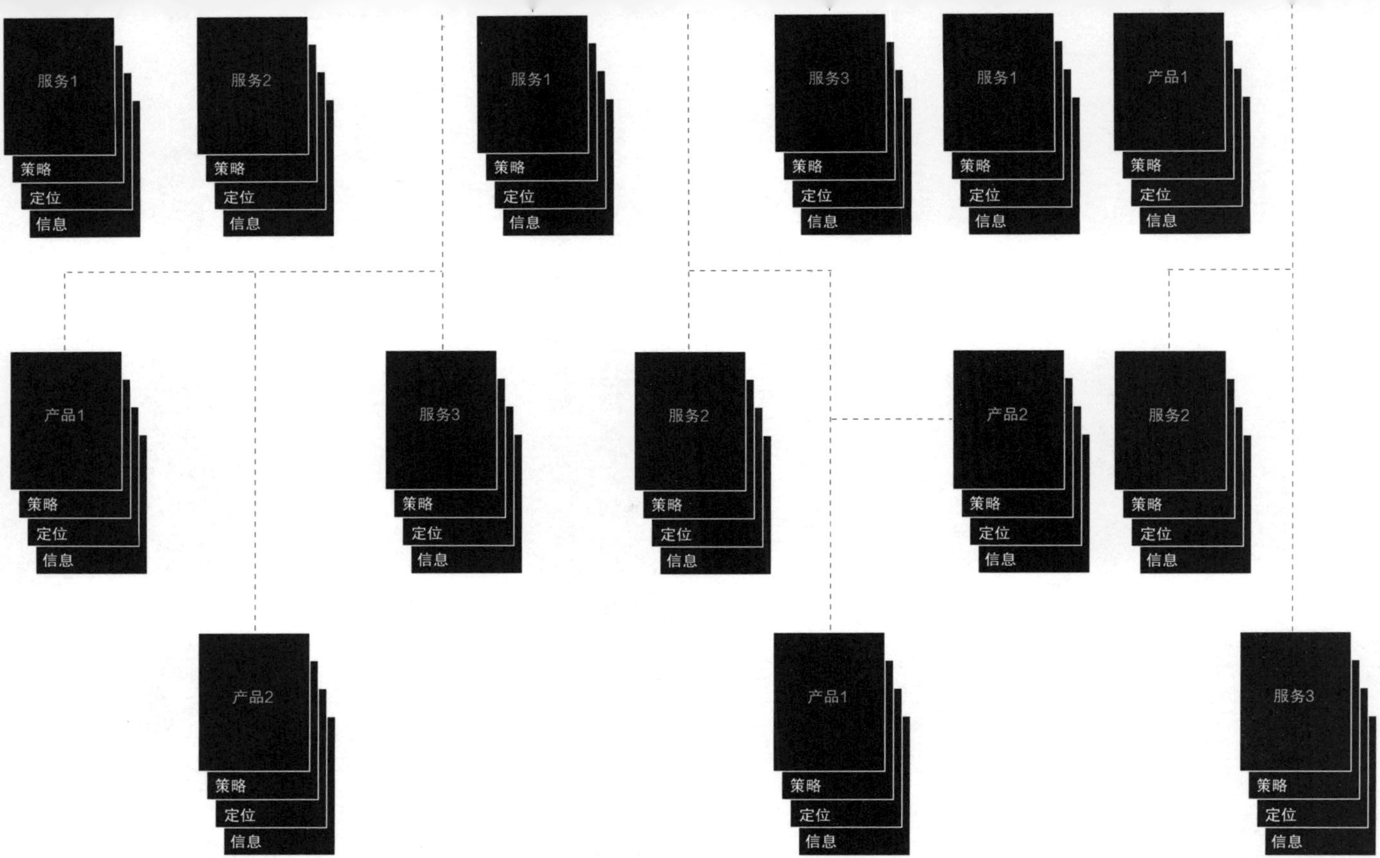
服务1
策略
定位
信息
服务2
策略
定位
信息
服务1
策略
定位
信息
服务3
策略
定位
信息
服务1
策略
定位
信息
产品1
策略
定位
信息
产品1
策略
定位
信息
服务3
策略
定位
信息
服务2
策略
定位
信息
产品2
策略
定位
信息
服务2
策略
定位
信息
产品2
策略
定位
信息
产品1
策略
定位
信息
服务3
策略
定位
信息

中心的品牌。

其他航空公司的反应可能是推卸责任，毕竟天气是任何人都不能控制的。然而，捷蓝航空首席执行官大卫·尼尔曼却用一则简单、意外、具体、可信且感性的消息，使顾客大吃一惊。他承担全部责任。尼尔曼在几天之内给每位顾客都发了一封电子邮件，表明航空公司承担这次事故的全部责任。他说："对于由此造成的焦虑、沮丧和不便，我们的歉意难以言表。令我们尤为难过的是，捷蓝航空创立之初，就承诺要让人性化服务回归航空旅行，让选择捷蓝航空的每个人都能体验更快乐、更轻松的飞行。"紧接着，他宣布了一项具体、可信的补救措施——捷蓝航空顾客权利法案。

在这封邮件的结尾，顾客可以点击查看尼尔曼充满诚意、情感充沛的道歉视频。媒体风暴如同冰暴一样迅速平息。捷蓝航空不仅化解了一场顾客抗议，还利用免费的曝光机会为自己的故事锦上添花，强化了客户忠诚度的纽带。

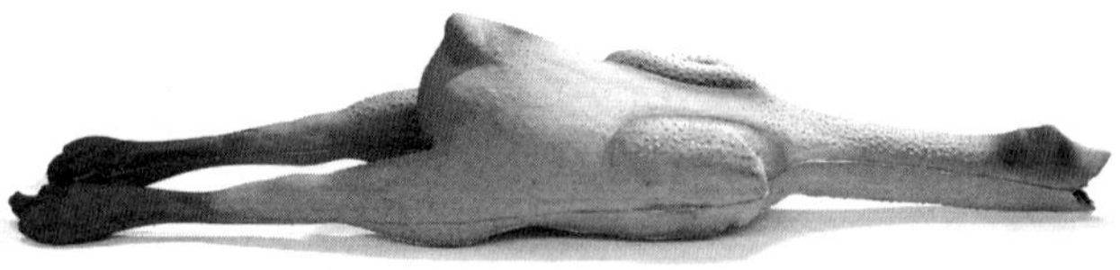

jetBlue AIRWAYS®

亲爱的捷蓝航空乘客：

我们非常抱歉且甚感难堪，但最重要的是，我们万分抱歉。

上周是捷蓝航空7年历史中运营状况最差的一周。美国东北部遭遇了严重的冬季冰暴，我们继而给顾客带来了无法接受的延误、航班取消、行李丢失及其他重大不便。这场风暴扰乱了飞机的航行，更重要的是它扰乱了捷蓝航空的飞行员和机上机组人员的飞行。机组人员要靠这些飞机去到机场，为您提供预期的服务。繁忙的总统日周末临近，重新预订机会稀少，致电捷蓝航空的等待接通时间长到令人无法接受，甚至根本无法接通，进一步阻碍了我们恢复工作。

对于由此造成的焦虑、沮丧和不便，我们的歉意难以言表。令我们尤为难过的是，捷蓝航空创立之初，就承诺要让人性化服务回归航空旅行，让选择捷蓝航空的每个人都能体验更快乐、更轻松的飞行。我们深知上周没有兑现这一承诺。

尊贵的客户，我们全心为您服务，并将立即采取纠正措施，以恢复您对我们的信心。我们已经开始实施一项综合计划，以便为您提供更好更及时的信息，为我们的机组人员提供更多的工具和资源，同时我们将完善程序，应对今后出现的运营难题。我们有信心，实施这些举措后，捷蓝航空将成为一个比以往任何时候都更加可靠、更能响应客户需求的航空公司。

最重要的是，我们已经推出了捷蓝航空顾客权利法案。这是我们对您的官方承诺，声明我们今后处理运营中突发事件的方式，包括赔偿细节。对于这一行业领先之举，我有一个视频想要和您分享。

您值得更好的飞行体验，比上周在捷蓝航空所经历的好得多的体验。没有什么比重新获得您的信任更重要，捷蓝公司全体员工都希望您能给我们一个机会，希望您不久之后能再次乘坐捷蓝航空，让我们为您提供积极的体验，如您一直以来对捷蓝航空所期望的那样。

大卫·尼尔曼 捷蓝航空创始人兼首席执行官

诚挚敬上

杠杆 3：建立创新中心

故事能成为文化强有力的组成部分，品牌指南、流程手册、设计规范、培训视频、各类图库、人才名录、协同空间、博客和许多其他内部资产同样可以做到。

然而，要创造变革的杠杆，你需要将这些资产加以整理，形成一个创新中心，也可称之为设计中心或品牌中心。公司内部网最适合建立创新中心，这样一来，各类工具对每个人来说便唾手可得。我发现把创新中心想象成包裹在杂志里的工具箱很能说明问题。这些工具包括想法、公式、流程、快捷方式、设计元素、图形、幻灯片、培训模块和其他共享资产。杂志中包含各种故事、案例研究、博客和其他旨在激发创造力和卓越品质的文章，杂志中还清晰地表达了公司的愿景、使命和目标。所有这些资产一经整理、设计和结合，就能够将公司转变成一间复杂的创造性单位。

其中，设计是关键输入。大多数公司内部网站点失败是因为他们没有与其他形式的媒体平等竞争。人们有选择权，他们倾向于选择“简单的”而非“困难的”，“诱人的”而非“丑陋的”。

信息时代被誉为工业时代的接班人，但数字发明的真正馈赠并非信息，而是协作。通过团队合作增强人才的能力是持续创新的核心。在许多大型公司里，有超过1万名专业人士致力于创新和品牌建设。这1万人形成了多达5000万的合作关系。随着专业人员数量的增长，各类联系也呈指数级增长，使得协作成为一个关键的杠杆支点。

对于公司内部网站点如何调和协作过程，我们只做了肤浅的探讨。因此，精通这一杠杆的人，便可以以文化为竞争武器，提早在竞争中取得领先地位。

杠杆 4：将设计管理引入公司内部

大多数公司都会源源不断地生成常见的设计素材，如产品、印刷传播、网站、标志、零售环境、包装、贸易展展品、广告、手册、财务报告之类的 20 世纪的“新品海报”。还有一系列新兴机遇，诸如客户体验、路径搜寻、服务设计、运营流程、品牌培训、组织设计、决策制定、商业策略和思想领导。当你把它们也考虑在内时，就会开始意识到强有力的设计管理不可或缺。

但在考虑构建内部设计能力之前，需要解决长久以来困扰着内部设计部门的问题。这一问题可以被简化成 7 个字母：R-E-S-P-E-C-T（尊重）。设计师一经聘用，其才能的感知价值贬值之快，不亚于展厅里的宝马。几个月内，新员工将被低级工作淹没，并被排除在高层对话之外。

这种现象出现的原因可以写成另一本书，但为了简洁起见，我将直接切入解决方案。价值消亡的解决之道在于将内部设计职能重塑成一个独立的设计工作室。鉴于尊重源于业绩和积极性的结合，模仿成功的设计工作室模式可以带来同等的尊重，而这样的尊重通常留给外部公司。根据我在 Neutron 的经验，可以提供三个实现该转变的建议：

（1）与外部公司竞争。与其期望工作自己找上门，内部团队不如采用一种更加达尔文主义的方式发展技能，与外部公司竞争。团队还可以开发自己的合作流程，搜寻有待解决的有趣问题，并向内部客户“推销”。与外部公司一样，内部团队也可以通过绩效度量和设计竞赛来证明能力。著名设计管理顾问大卫·贝克表示：“金钱是尊重货币。”他建议实行拒付系统，通过明码标价赋予部门的服务以价值。

虽然传统广告正在崩溃，但在线销售规则依然弹性十足。公司内部部门可能会在这一对话调解中起着至关重要的作用。我们应该把预算投资到移动通信活动，还是音乐录像服务？我们应该把赌注押在搜索广告上，还是横幅广告上？谁知道呢？此类问题将在多年里持续困扰着市场人员，直到一切未知最终变成已知。在此期间，规则仍是个跳球，那为什么不挥臂击击看呢？

（2）提供思想领导。采用达尔文主义的方式，并不是说公司所有的项目都要经由设计部门。首先，并不是

RES

尊重是内部设计团队的首个牺牲品。

所有的项目都同等重要。其次，有时设计部门能力有限，无法对某一项目投入足够关注。最后，项目所有者可能只想同公司以外的部门合作。正如约吉·贝拉所说："如果他们不想一起来，你也阻止不了。"例如，在惠普公司内部，设计决策权由业务主管掌握。公司设计总监萨姆·卢森特说："只能尽力说服。"卢森特及其团队提出最优的设计方案，然后让决策者来决定。

虽然设计经理的角色很重要，但设计说服者的角色可能更关键。如果内部设计部门能通过举办有关创新、设计思维和品牌建设的教育项目，助力启发设计思维，又会怎样呢？对信条宣传得最快的公司方能胜券在握。

（3）推倒墙壁。设计工作室布局的原因就在于能使工作更出色。虽然比起前两个建议，第三个建议可能看起来不值一提，但你会发现，推倒部门内物理意义上和象征意义上的墙壁，将为创造性协作扫清一条宽广的道路。开放的空间和高高的天花板可以快速释放、"解锁"和开发公司里的人才。其实将这一待遇扩展到公司其他部门不失为一个好主意。在21世纪的工作场所中，一个开放、创造性的环境所具有的启迪意义不可估量。

假设你已将设计部门重塑成一个独立工作室，掌握了设计管理技能，成立了由睿智的设计思考者组成的核心团队，开发了与内部客户打交道的专业化流程，取得了思想领导的声誉。同时你也已经推倒了墙壁，欢迎更高级别的创造性协作，尊重便属于你。现在，你已准备好迎接下一个重大挑战。

杠杆 5：组建一支元团队

在我的第一本书《品牌的鸿沟》中，我解释了为什么要建立一个整合营销团队，或称为元团队。元团队这个概念既诱人又骇人。元团队提出管理大规模创新活动的最好方法是：（1）雇用顶尖专家；（2）让这些专家组成一个团队共同工作。因此，元团队是各团队的总团队。

顶尖专家或专家团队怎样有效地执行创造性项目，我们十分清楚。但整个元团队怎样朝着一个更大的目标共同协作，我们却知之甚少。

问题在于，20 世纪的商业领域向来是提倡非合作的训练场。公司通常因个人成就奖励员工、部门和外部公司。学校教育也一样，让合作看起来像是某种形式的作弊。这也许恰能解释陪伴我们成长的“独行侠”创造模式，弗兰克·劳埃德·赖特、巴勃罗·毕加索和西格蒙德·弗洛伊德等颇具传奇色彩的人物都证明了这一点。这些人往往不把同龄人视为合作者，而视为竞争对手。

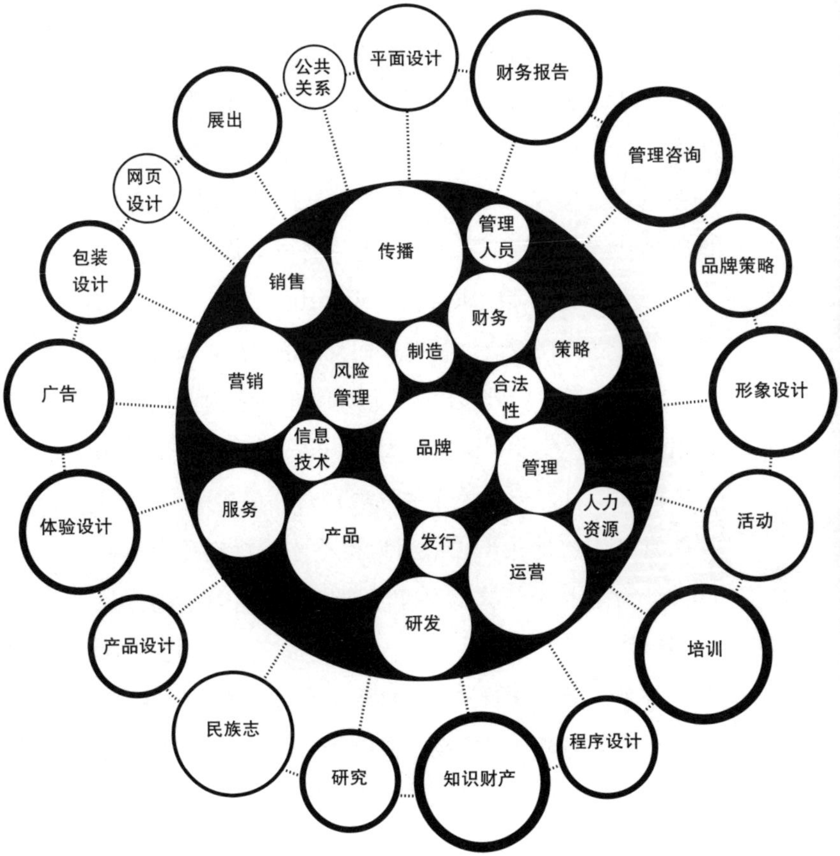

元团队代表着选择具有先进创造力的模式。

转变“独行侠”模式大有裨益。高绩效元团队可以将组织转变成联系紧密、反应迅捷、能力强大的实体，可以促进创新、降低成本，随时调整规模大小。

事实证明，我们有充足的范例来反对单打独斗的天才创造观，如好莱坞的梦工厂、肯尼迪的太空计划、爱迪生的工业实验室等。其实你越仔细研究设计的历史，你就越会发现，独行天才更像是一种神话而非事实。

如果企业设计的未来取决于元团队，那么内部设计部门的关键性在于设计管理。而且，正如品牌管理一样，设计管理**永远**不应外包出去，而是要通过各种战略转变、重组和领导层变动，保持强大和一致。

相反，执行与品牌相关的项目时，很多所需的设计技能**常常**应该外包出去，因为在外才能找到顶尖专家。以设计为主要业务的公司可能被排除在这条规则之外，诸如时装公司、电影制片厂、出版商和广告公司。然而，即使是专注于设计的公司，只要将设计策略保留在公司内部，部分甚至全部的设计都可以外包出去。宝洁公司最近将其研发部（R&D）重新定义为“联发部（C&D）”，即“联通和发展部”，这样一来，公司便可以从更多的独立发明者中受益。该公司目前的预期是，一半的新产品将**直接源自**自家实验室，另一半将**通过**实验室生产。已故的管理专家彼得·德鲁克2004年曾采取更为极端

的立场，他表示除了关乎高管层的职位，公司其他职位都应该外包出去。

内部创意部门不大可能在专业领域战胜外部专家，随着时间的推移，这一现象越发普遍。自由市场大力激励着专家在其实践领域获得深域经验。然而，内部创意部门也拥有自己的深域经验，那就是对公司本身的了解。这使得它能够充当元团队活动的协调者，使内部团队和外部团队专注于共同目标，并将全部基本要素融入长期愿景之中。

即使是独行侠也不单干。

杠杆 6：六角手风琴式的合作

为了避免让人觉得创造性合作就是不断重复的儿歌《孔巴亚》，我先声明元团队完全是为成年人准备的，对恃才傲物者、教室小霸王和神经质人群都不适用。团队合作是创新的高级形式，需要谦虚、宽厚、独立思考的队员。

如何让一群独立思考的专业人士友好合作？答案是建立明智的合作规则。在 Neutron，我们发现当角色分工划定清晰，目标前景一览无余，质量承诺郑重有力时，意志坚定的人便喜欢合作。相反，如果他们认为工作将被琐碎混乱和低期望值所冲淡，他们便厌恶合作。

创造力可以通过两种方式得以施展：团队创造力和个人创造力，关键是找到包含两者的合作节奏。良性的节奏和演奏六角手风琴有几分相似，在描绘和印象之间交替，先独立演奏，再共同合作。小规模团队或个人独立工作时（描绘），会带来深刻的体验；而当他们共同合作时（印象），会把个人观点放置于更广阔的视域。从描绘到印象反复推敲，带来的结果并非妥协，而是增值。每次互动相加之和便是共享思维的显著飞跃。

进行创造性合作的主要工具是设计概要，而这一工具目前还没有得到充分利用。一个构思精妙的概要能够将合作者凝聚在共同目标之上，降低培训费用，分配角色和职责，并提供衡量框架。

然而，任何设计概要，无论是指导性的、引领性的还是决定性的，都不能解决人类互动中的心理问题。在大团体中竭力达成共识时，要如何在意见冲突、观点狭隘、情感隐秘和期望异步这片危险的水域中航行？

杠杆 7：引入平行思维

一位管理大师给出了以下一些前沿建议："针对有争议的问题，最好的解决办法不是以牺牲其他所有观点为代价，强加单一的观点，而是努力寻求一个更高阶的解决方案，将全部相关要素涉及的诸多视角整合在一起。"又是出自彼得·德鲁克的箴言吗？不，这话是德鲁克的导师玛丽·帕克·福利特说的。福利特出生于美国内战结束之际，就读于拉德克利夫学院（彼时尚非拉德克利夫学院）。20 世纪初，福利特在波士顿经营了几家服务组织，颇为成功。1924 年，她写了一本书，书名为《创造性的经验》。在该书中，她指出"对抗性的、一输一赢的决策会削弱各方力量"。可惜的是，一输一赢的决策形态过去在商业模式中占主导地位，现在依然如此。

合作中一个常见的问题是，聪明的、怀有善意的人会因为意见相左而扰乱创造性进程。这一习惯并非我们开创，但我们继承了下来。包括亚里士多德、苏格拉底和柏拉图在内的希腊人认为，健全的思维源自讨论而非对话，也就是说源自发现他人论点中的缺陷，而非共同提出的一个概念。

我们以个人观点互相攻击了几千年之后，创意专家爱德华·德·波诺找到了一种方法，规避“三人帮”倾向，向人们展示如何建设性地解决问题。这就是所谓的平行思维，让团队里的每个人在同一时间朝同一方向思考。苏格拉底式的思维习惯是点子还没成型就忙着否决，水平思维可以消除这一惯性。

德·波诺在著作《六顶思考帽》中展示了团队在处理问题或面对机遇时的6种思考方式，“帽子”只是隐喻，代表对待问题的不同方式。以下是简要概述：

白色思考帽代表信息。我们对这个问题了解多少？有哪些事实、数据和其他资料可以指导我们的工作？

红色思考帽代表热情。通常情况下，会议中没有表达情感的余地，所以情感反而最终影响我们的“逻辑”结论。我们面对这个问题感觉如何？兴奋？害怕？好奇？把情感摊开来谈。

黑色思考帽代表黑暗而谨慎。这也正是我们大多数人所擅长的苏格拉底式西方文明思维，推崇“魔鬼代言

白色思考帽：
事实和信息
红色思考帽：
情感和直觉
黑色思考帽：
否定和谨慎
黄色思考帽：
阳光和积极
绿色思考帽：
鲜活和创新
蓝色思考帽：
冷静和克制

六顶思考帽

人”[①]。为什么这个新想法有可能失败？其中的众多缺陷是什么？

黄色思考帽代表阳光和积极。暂且把“魔鬼代言人”抛在脑后，想想这个观念的伟大之处何在？能否看到乐观和希望？

绿色思考帽代表成长和创造力。我们还能做什么？我们怎么把黑色思考帽代表的恐惧变成机遇呢？

蓝色思考帽代表冷静客观。蓝色思考帽由协调者戴着，作为裁判指导其他思考帽的使用。

根据谈话的需要转换思考帽，团队可以快速地处理海量想法，不受源源不断的争论和感情激昂的攻击的妨碍。平行思维的结果自然是广泛认同，因为这个过程本就设计得既透明又包容。

但是，如何才能获得元团队之外的人认同呢？提示：不要用要点轰炸他们。

① “devil’s advocate”一词形容爱抬杠的人，或者为了测试计划、论据等而刻意寻其漏洞加以质疑的人。该用法源于罗马天主教会。

杠杆 8：PPT 禁令

如今，大多数公司里，“夺命 PPT”不只是揶揄打趣之词，而是一场全面暴发的流行病。不幸的是，诸如合作、创新、激情、愿景和透明的公司价值观成了受害者。微软的演示程序无所不在，以至于 PPT 一词已经成为重度雷同幻灯片的同义词，比方说“我可以丢一堆 PPT 给你吗？”

要是你真想获得认同，暂时忘记 PPT 吧，代之以更有趣的方式，如故事、演示、绘图、原型和头脑风暴练习。诚然，要做到这样，许多高管尚需完善自身技能。但为了设计型公司的利益，这些技能十分值得掌握。

理查德·费曼曾做过一个具有历史意义的演示，来说明挑战者号灾难中 O 型橡胶环是如何失效的。他用一个橡胶圈、一个普通的镊子和一杯冰水，吸引了观众的注意力。当然，他本可以选用一组幻灯片，让观众一页页地阅读要点，了解安全系数、失效率、弹性比率及启动参数这些相关术语。然而，单是张开夹在冰冻橡胶环上的镊子，便可说明橡胶环有多脆，PPT 无法制造同样的戏剧效果。

这并不是说幻灯片演示**不能**令人振奋。PPT 不会毁掉会议，但人会。软件本身导致糟糕演示的特性微乎其微，但其中能激发出色演示的特性同样少之又少。解决方案是用从未设想过的方式使用演示软件，即清晰、富有情感并且戏剧性地传达交流。不要为了图方便而使用 PPT，要像理查德·费曼用一杯冰水唤醒人们那样利用 PPT。

但首先必须更新创意。我将快速与大家分享我们在 Neutron 使用的三条设计原则，用来将幻灯片展示转变成通往明晰的灯塔。

（1）编辑到最简。大多数幻灯片演示会在文字的重压下土崩瓦解，一条金科玉律是每张幻灯片 10 个单词。这条规则可能看似严苛，但是限制单词的数量是确保使用的单词被阅读和理解的最好方法。10 个单词大约是一行文字所能容纳的最大值，而且后排的人也能看清。如果你需要用要点来表达看法，创建一个“结构”，每次增加一行字，以确保观众集中注意力。

（2）使用图片。即使经过编辑，满篇文字也让人难以接受，要偶尔给观众看一些插图、图表或照片，调节

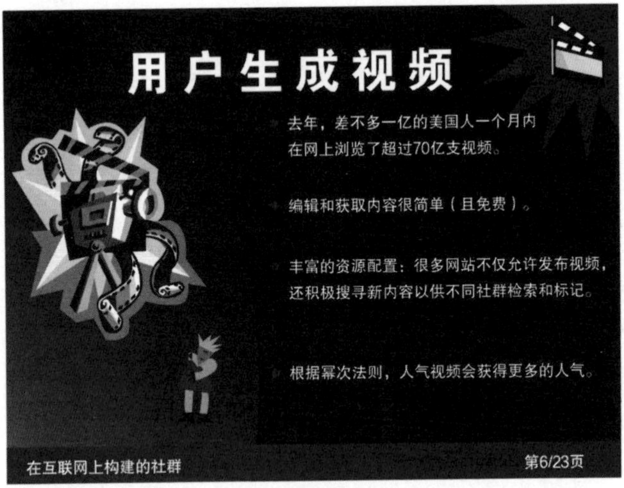
用户生成视频
去年，差不多一亿的美国人一个月内
在网上浏览了超过70亿支视频。
编辑和获取内容很简单（且免费）。
丰富的资源配置：很多网站不仅允许发布视频，
还积极搜寻新内容以供不同社群检索和标记。
根据幂次法则，人气视频会获得更多的人气。
在互联网上构建的社群
第6/23页

修改前

震惊！美国人单月内浏览了
7,200,000,000支
业余爱好者制作的在线视频。

修改后

视觉。每当勒纳和洛韦觉得他们音乐剧中的对白不能完全支撑起故事线中的感情时，他们就会插入一首歌。同样，当你觉得演示文稿中的文字不能完全支撑要点时，插张图片即可。

（3）不停切换。将幻灯片的内容分成小点，通常每张幻灯片展示一个要点就够了，这样要好于把所有要点都挤在一张幻灯片上。幻灯片又不花钱，大可尽情使用。比起被迫盯着一张幻灯片超过一分钟，看上百张快速切换的幻灯片更可取。

如果企业是一个生产决策的工厂，那么为决策提供信息的演讲对决策质量来说至关重要。决策也遵循支配软件编程的法则：错进，错出。

杠杆 9：鼓励畅所欲言

企业管理中一个共同主题便是如何“授权给员工”。但是，员工不是雇来给公司增加权力的吗？要不是员工，公司又如何成其为公司呢？

如果此处存在概念上的错误，那就错在认为存在两类不同的员工：提出想法的员工和实施想法的员工。当然，对于没有亲自参与创建的方案，很难让员工对其实施感到兴奋。对于无法参与方案讨论的员工，再怎么拼命地赋予其权利，也永远无法激发他们的热情。

在世界各国政府中我们同样也能看到这种情况。不允许新思想，尤其是具有挑战性或贬损性思想自由交流的国家，必然是弱国。经济扩张依赖于言论自由，而压制言论自由的政府必然会落后于鼓励言论自由的政府。

设计型公司很大程度上是一个民主的公司。虽然一些组织学专家认为未来的公司看起来像一个“倒置的金字塔”，但更恰当的描述也许是“自下而上的金字塔”。

显然，领导者必须发挥领导作用，但这并不意味着所有想法都要由他们想出。实际上，你大可理论说只要好想法能顺畅地自下而上流动，领导者无须提出**任何**点子。为了实现这一目标，领导者需要稍微放松管控。正如理查德·蒂尔林克在谈到哈雷戴维森的惊人转型时所言：“通过放权，你会获权。”

（1）**言论自由空间**。能够自由表态，在任何公司都应该是一项不可剥夺的权利。为什么这样讲？第一，更广泛的对话能产生更丰富的想法。第二，将不满发泄出来，就不容易累积压力，避免最终爆发造成不良后果。第三，文化性问题早被发现，就更容易解决。一位愤愤不平的员工曾在未加认证的博客上匿名写道：“要是首席执行官需要通过调查才能了解他的员工是否快乐，你不得不对他心存疑虑。”

与其迫使员工匿名发言，为什么不鼓励他们开诚布公地表达呢？对表达者为什么不给予奖励反而要赶尽杀绝呢？脸书首席运营官雪莉·桑德伯格如今要求员工就所观察到的一切是否产生效果给出坦率的反馈。在跳槽到脸书之前，她早先在谷歌学到了一课：“我感谢每一位曾经公开提出问题的人。”

（2）**想法收集箱**。谷歌还应用了“想法管理系统”，允许员工将有关产品、程序，甚至业务上的创新想法通

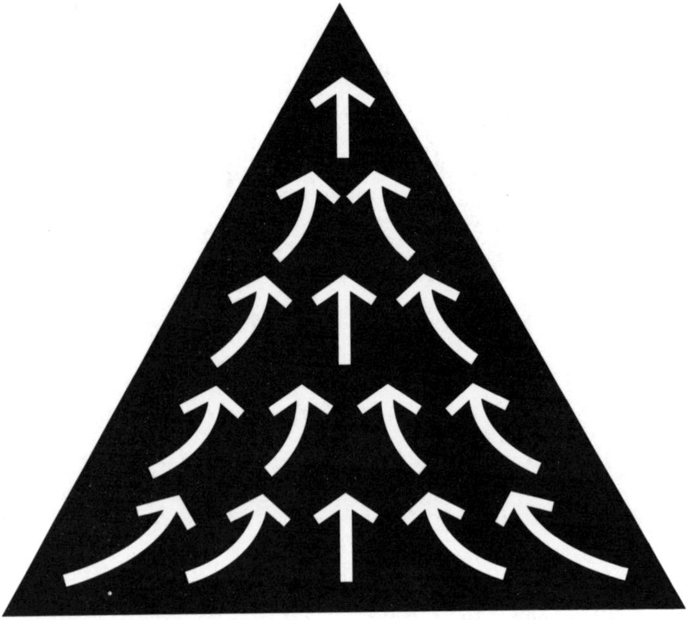

领导者权力的加强与想法的自下而上流动呈直接正相关。

过电子邮件发送到覆盖全公司的意见箱。各种想法一经收集，员工就可以对其进行评价，并评估成功的可能性。这种开放的头脑风暴作为廉价的工具，任何公司都可用以建立创新文化。公司里的任意员工都可以从中筛选出一个或多个值得进一步发展的想法。采取这一方法的公司很快就会发现谁都有可能提出好想法。

（3）**10% 的解决方案**。在想法收集箱的基础上，一些公司进一步要求员工把 10% 的时间或者每两周一天的时间，花在发掘新想法上。荷兰皇家壳牌石油公司、戈尔公司和惠而浦公司等都应用了类似的项目，并取得了显著的成功。惠而浦希望他们的项目每年能为公司增加超过 5 亿美元的收入。谷歌则尽显自身风范，将每个员工选择性的时间比例提高到了 20%。

（4）**天才团队**。除了挖掘大众智慧，公司还可以建立线下团队来攻克各种各样的问题，无论是常规问题还是“抗解问题”。这种方法的优势在于将问题从每个人关注的边缘移到中心，从而使其获得最大的关注。天才团队可以包含 5—20 名成员，人数要少，这样合作协力才不会盖过解决问题的协力。要优化一个团队的工作，无论团队规模大小，都需要一个协调者来充当裁判、教练和培训师。某些情况下，从外部聘请一位经验丰富的协调者很划得来。

创新是一个数字游戏，能够增加可行选择总数（如果不是增加百分比的话）的公司会成为最终赢家。在100个创新想法中，可能只有15个值得原型开发设计和测试。而在这15个想法中，可能只有5个值得用心投资。而这5个想法中，可能有一两个能产生非同凡响的效果。这是风险投资家所依赖的一种模式，如果老牌企业希望跟上市场变化的速度参与竞争，也最好采用这种模式。史蒂夫·乔布斯在接受采访时，被问及打算如何对抗微软英特尔的垄断，他回答道："我要等待下个大事件的发生。"史蒂夫·乔布斯式的等待意味着在大量"伟大又疯狂"的想法实施在即之际，专注于任一时刻最有可能成功的一两个创意。

然而，即便是像乔布斯这样身任首席执行官的天才设计师也无法提供一切想法，当然他也不需要这么做。他只需做好主编的角色，在增进重要且有力的想法的同

时，剔除那些幼稚又多余的想法。当然，乔布斯理解客户的需求，不仅能把握全局，还能深入细节，这同样大有益处。乔布斯完全有能力成为所在的创造性元团队的协调者，把想法从金字塔底部拉上来，而不是从顶部放下去。

杠杆 10：立大志，花小钱

在《急转》那本书中，我向大家说明了为什么公司总是犯同样的错误，资助跟风型项目，如那些效果微乎其微的产品、服务、传播、业务。为了帮助决策者克服高估已知事物、低估新生事物的自然倾向，我提议使用名为"优 / 异图表"的工具，将新想法分成 4 种模式：（1）差且同；（2）优但同；（3）优且异；（4）差但异。

你可能也猜到了，"优且异"组合才能打出全垒打。艾伦办公椅、丰田普锐斯、谷歌搜索广告和网飞都是知名的例子，代表着"优且异"。然而，公司更有可能投资"优但同"或"差且同"的想法。原因很简单：新想法不可预测，而现存的想法无论多么差劲，似乎还挺保险。"优 / 异图表"要做的就是让决策者将全新的、未经证实的想法与以往的、已经证实的想法相比较，从而将不计后果的信仰之跃转变为坦然自若的轻轻一跳。

但是，如何才能让一个"优且异"的想法被质疑者接受呢？科学家斯宾塞·西尔弗和亚特·弗莱花了11年时间对便利贴这一概念进行了激烈讨论后，才将其应用于3M系列产品。广告天才乔治·路易斯曾威胁利维面包公司总经理要是不同意自己的广告提案，他就要从14层楼高的窗口跳下去，而这一广告宣传成了20世纪60年代最具标志性的活动之一。直到所谓的“八人帮”离开专制独裁的肖克利实验室，于1957年创办了他们的仙童半导体公司，硅谷才开始腾飞。

这些经历表明，只有勇于将伟大的想法付诸行动才能成功。也许是这样，但设计化过程可以减少行动所需的勇气。设计者擅长将想法由冲动转化为直觉，由直觉转化为概略，由概略转化为原型，再由原型转入测试，所有这些都不需要充满风险的财务投入。

创新的最大障碍是企业渴望成本、市场规模、收入、利润和其他数值都具有确定性，而在新想法中这一切都是未知的。具有讽刺意味的是，投资濒临破产的企业、落伍的战略和萎缩的市场却看似毫无障碍，不用预测，此类投资的前景都一览无遗。这似乎表明我们更喜欢了解魔鬼。

要对付这个魔鬼及其一切拥护者，最好的办法就是逐步让公司增强信心。幸运的是，已经有了针对这一过程的可行模型：门径管理投资。这一模型由石油企业家

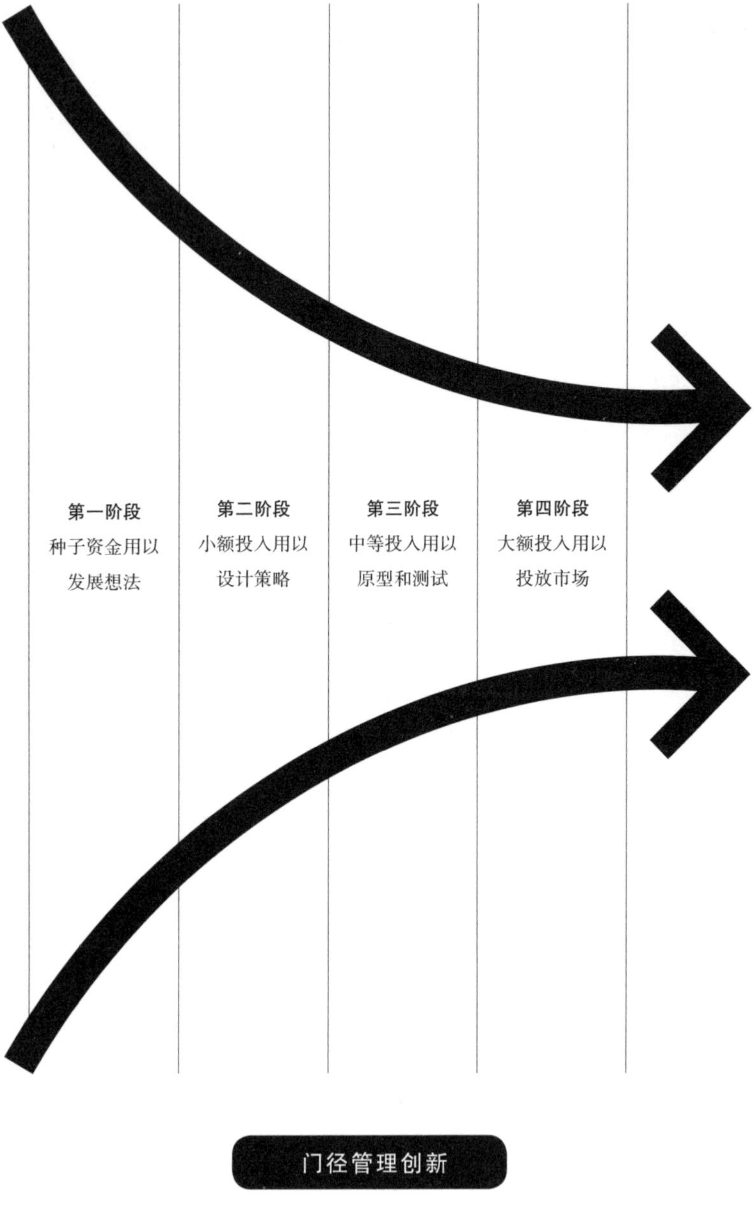
第一阶段
种子资金用以发展想法
第二阶段
小额投入用以设计策略
第三阶段
中等投入用以原型和测试
第四阶段
大额投入用以投放市场
门径管理创新

开创，他们不确定哪些油井能产油，哪些无果。该模型经风险投资家进一步发展，而风投家也不确定创意、市场和商业模式如何结合起来产生利润。

这个过程包含 4 个融资阶段:（1）种子资金用以发展想法;（2）小额投入用以设计策略;（3）中等投入用以原型和测试;（4）大额投入用以投放市场。“门径管理投资”中的一个观点是通过类似于自然选择的方法逐级审核对象。因此，只有在这个想法基本去风险化之后，才会下大赌注。

你酝酿一系列创新举措时，门径管理投资是最有效的。这时审查过程就起到过滤系统的作用，将伟大的想法与那些动力不足、目光短浅、缺乏战略眼光或脱离品牌定位的想法区分开来。审查者可以是精心挑选的创新委员会成员，而该委员会的使命就是为有前景的项目开“绿灯”。

杠杆 11：设计全新衡量指标

即便运用了门径管理流程，你如何知道一个项目是否有前景呢？用什么公式或标准能认清该项目下一阶段的可能性呢？

至此，我们便进入了关于创新争论最激烈的话题之一——衡量指标的价值。它将两种看似对立的思维方式清晰地展现出来。一种思维认为有关新想法的决定应该基于证据；另一种思维则认为新想法无法被提前估量。这两种观点都产生于惨痛的经验。传统企业管理者得出的经验是直觉能轻易愚人，而传统设计师得出的经验是标准会扼杀想象力。然而，看似矛盾的背后其实隐藏着一个更有趣的事实：标准和想象力同处于一支舞蹈当中，两者的呈现要么一塌糊涂，要么精彩绝伦。

正如一位设计师形容的那样，创新者之路就在于学习如何“把云切割成立方体”。如何赋予一团柔软的、未成形的概念以锐利的边缘，让每个人都能看到？如何

标准和想象力同处于一支舞蹈当中。

让无形变得有形？对于尚未推出的产品概念或商业模式，预测其营收、利润、成本或市场份额都很愚蠢。但是，在没有一丝严谨分析的情况下就推出产品概念或商业模式，同样愚蠢。最终，**所有**的创新都将由市场来衡量。诀窍就是要在投入大量资源之前预见结果。

以下都是在 Neutron 时我们使用的一些衡量标准，从而使创新之舞中的双方都更加有力。

（1）**产品衡量指标**。在产品设计早期，一对一的客户访谈可用以评估对原型的反响。客户针对可用性、吸引力、理解、文化内涵和情感反应等问题的回答，都可以预示取得成功的可能性。客户还可能触发新一轮迭代，帮助追踪进度。随着项目的进展，你可以监测为反馈意见而联络的客户数量、排队等待的业务伙伴数量、开发速度等。

在整个产品系列中，你可以追踪各类数值，如平均上市时间、正在进行中的试点项目数，以及在线社区的数量和规模。还可以通过博客、专业评论和重大奖项竞赛等外部渠道，来衡量公司设计的总体质量。先别笑，英国设计协会发现，在过去的 10 年里，61 家顶级奖项竞赛的优胜公司表现比富时 100 指数高出 200 点。

（2）**传播指标**。对被度量的厌恶其实是可度量的。在一项研究中，超过 90% 的广告创意人员认为度量标准

“无用”，近 65% 的人认为其对创意过程“有害”。作为一个有创造力的人，我的自身经验表明存在两个原因：一是大多数度量标准都不是为了促进创意过程；二是有创造力的人内心隐藏着对失去艺术自由的恐惧。然而在现实中，对传播原型的测试会成为创意人群的最佳伙伴。这一测试反映了关于受众认知的宝贵经验，并将创造力从无知的决策者反复无常的否定意见中解放出来。

与产品一样，广告、包装、商标和广告语等许多类型的传播都可以在与目标受众一对一的快速访谈中被检测。检测结果能让你洞悉给人们呈现的东西有无意义，让你在百忙之中修正路线。如果你是认真对待传播的，有什么理由不喜欢呢？

一旦发起传播，你就可以衡量受众认识、理解、记忆和反应等结果。然而，我更倾向于在发起**之前**先了解一下这些方面。

（3）**品牌指标**。品牌是商业声誉，因此你可以同比衡量声誉好坏的变化，还可以衡量品牌的资产价值，以及该品牌对购买决策的影响。你可以跟踪调查品牌忠诚客户和非品牌忠诚客户的数量，并评估他们对品牌要素的理解和记忆。

如果你所在的公司是 100 强品牌，你可以通过查看

已开展的试点项目
产品开发速度
原型的可用性
原型的吸引力
相对于竞争者的差异性
用户兴奋程度
概念的文化意义
购买意向
在竞品中的排名
潜在价格弹性
联系的客户数量
联系的合作伙伴数量
平均上市时间
设计支出级别
设计节省的成本
设计产生的超额租金
外部设计的获奖数量
消息的可读性
要素理解
要素回忆
生成的潜在客户数
看到的和注意到的广告
货架上包装的影响
邮件查看率
点进率
登录页的点击次数
完成的在线表格
博客提及次数
网络评论热度
想法共享VS.竞争
品牌知名度
品牌认可度
品牌总价值
客户忠诚度
客户群体增长
品牌差异化
品牌联想独特性
品牌偏好
推荐意愿
竞争性排名
对购买产生的影响
创造的情感层级
重复购买次数
市场渗透率
客户满意度
平均客户维系成本
客户群体增长
员工敬业度
受过品牌培训的员工数内部设计师人数
员工满意度
对使命和愿景的了解
员工对品牌的贡献度
合作者数量
呈交的新想法数量
人均利润
总体设计投资回报
工艺改进带来的节省
领域内的财富创造
市值变动

可衡量之物

Interbrand[①] 的全球最佳品牌，得到免费评估。如果不是，你可以自行委托评估。重要的是要始终如一，每年都用同样的公式来评估品牌。

（4）**文化指标**。对于许多企业管理者来说，文化是一个模糊的概念。因此，如果你要着手开展文化变革，从最初的状态到理想的状态，衡量这个过程中的每一次进步都是值得的。这并没有看上去那么困难，因为很多工作都可以通过内部民意调查完成。在员工士气低落的情况下，民意调查这一举动本身就可以重振希望之流。

改变企业文化可以从衡量员工现阶段的满意度开始。遭受忽视的文化往往一开始满意度得分很低，但当你运用变革杠杆时，这一分数将迅速提升。每应用一个杠杆，都有许多机会来衡量结果。

现在，警告来了。

尽管衡量指标有利于降低创新风险，但也有其局限性。正如戴明博士所说："最重要的事情是无法衡量的。"换句话说，可衡量性随着重要性的增加而降低。我们对指标的偏好源自工业时代金融业的巨大成功。然而对于新想法，没有公认的计算准则。对于一个有突破性的品

① Interbrand（品牌咨询）成立于1974年，是全球最大的综合性品牌咨询公司，致力于为全球大型品牌客户提供全方位"一站式"的品牌咨询服务。

牌来说，精确衡量其长期潜力的具体标准尚未出现。

财务业绩越来越多地源自无形资产，在这样一个时代，我们将需要创造精密的指标来预测创新的价值；创造细致入微的计算准则来衡量创新的回报。当然，真正创新的想法不应过分依赖衡量指标。如果一个机会千载难逢，没必要说它两千载难逢。只要确保它足够好，足够与众不同，足以支撑一家企业，然后就设计好前路，看看会走向何方。

杠杆 12：实施品牌培训

创造性的工作不能机械化，不能被简化为一系列的步骤，或者是走生产线流程。没有哪两种创造性的解决方案是相似的，也没有哪两个富有创造力的人是相似的。最好的方法就是建立对设计原则的共同理解，这样公司里的每个人都有机会作为团队进行实验、学习和成长。

在一个加速变革的时代，**如何**学习远比学**什么**重要。快速获取新知识的能力是支撑创新文化的基本技能。德鲁克曾说："每个企业都是一个教学机构。各级都必须把培训和发展纳入其中，而且要永不止步地培训和发展。"如果你想要永不止步地创新文化，就需要一套永不止步的培训体系。

那么，是什么样的培训呢？

在大学知识与行业知识，以及行业知识与公司知识之间架起桥梁的培训。

既要有教授自我超越的培训，也要有教授合作的培

创造性团队合作策略

管理设计过程

校准品牌接触点

如何领导创意人群

有关消费者愉悦感的艺术

精通创意过程

品牌培训项目可以加速启动创新文化

快速测试创造性解决方案

评估创新的概念

如何盘活品牌

利用利益共同体

如何通过设计实现差异化

定位竞争优势

讲述企业故事

市场调研的奥秘

强劲的表现艺术

品牌扩展管理

打造具有创造力的元团队

训，这样自我超越和合作就能相互促进。此类培训旨在探索员工如何建立品牌价值，如何帮助塑造客户满意度，以及如何将个人行为与整体商业战略相结合。

这就是所谓的品牌培训。这是一种符合公司品牌、文化和使命的定制式教育。没有品牌培训，一家公司的技能和知识就会和另一家公司雷同，任何公司都不会获得竞争优势。如果你所在的行业情况正是如此，那么你就拥有一个无与伦比的机会，好抢在竞争对手前面。相反，如果竞争对手已经在应用品牌培训，你还对这种威胁置之不理，后果将难以承受。竞争对手会先吸引你的顾客，接着向你的员工示好。

沛齐公司是一家全国性的会计服务公司，通过培训来构建自身品牌，提高竞争标准。他们平均为每位员工提供 107 小时的培训。近期，在《财富》杂志“100 家最适合工作的公司”评选中，该公司得到了强烈推荐。

四季酒店集团在培训和招聘方面投入巨资，从而“让人们感觉非凡”。现在集团已经把服务提升到一流水准，你觉得年轻的人才想要去哪里工作呢？

惠而浦把创新放在首位。公司已经培训了 600 多名创新导师，并为每一位员工开设了在线创新课程。现在，惠而浦每个产品开发计划都包含有市场上尚未出现的创新点。

20 世纪 90 年代，三星利用品牌培训将自己从跟风产品制造商升级为高端设计产品生产商。三星董事长李健熙要求打造更具设计感的文化，为实现这一愿望，他在韩国修建了一座价值 1000 万美元的八层建筑，用来部署三星创新设计实验室。整整一年，员工拿着正常工资，每周在大楼学习 6 天。该公司不久便增加了持股比例，在旧金山、洛杉矶、伦敦、东京和中国开设了更多实验室。

如今，三星已打造出充满活力的创新文化，拥有 380 名受过公司培训的设计师，每年助力推出 100 种产品。在过去的 5 年里，他们获得了 18 个主要的工业设计奖项，仅在《商业周刊》和美国工业设计师协会就获得了 5 个奖项，只有苹果电脑获奖总数与其持平。Interbrand 年度品牌调查连续两年宣布三星为全球“增长最快的品牌”。

像三星这样的大公司可以建立自己的培训项目，规模小的公司和部门团队也可以利用外部课程和研讨会，多数项目可以为公司定制。

三星设计副总裁郑国贤说：“在 21 世纪，知识资产将决定一个公司的价值，公司单纯销售产品的时代已经结束了。”如今，成功的公司是那些能够跟上市场步伐，对新出现的机遇及尚未得到满足的客户需求做出反应的公司。不以协同社群为单位学习提升创造力的新途径，就没有发展反应能力的可行之道。

杠杆 13：从收购中学习经验

人们对兼并收购的普遍看法是它们通常会失败，或者至少是未能充分实现理想中的协同效应。并购失败的原因包括功能冲突、文化差异、经营分散及无法解决身份问题。这一分析中缺失的是被收购公司或规模较小的公司所感受到的情绪性反抗。传统的推动力是强迫企业进入一个陌生的模式，这种方式极度痛苦却又徒劳无功。

事实上，强迫一种文化去适应另一种文化是不可能的事。你无法给人们的大脑戴上矫正器，也无法用矫正鞋约束他们的行为。如果你试图这样做，就会发觉这是一场关于意志力的对决，会损害双方的利益，并且延迟协同效应的效益。

那么解决方案是什么呢？反向施加推动力。不要把被收购的公司看作未受过教育的孩子，而是要把它看作提供灵感的老师。规模较小的公司通常具备深厚的行业知识、特别的关注点或极大的热情，因此才会被收购。

通过深入了解被收购公司，更好地认识到其成功因素，这样一来两种文化都能受益，两者联姻也能更快取得成功。

杠杆 14：在圆桌上加个席位

无论是否为吞并型企业，随着自身的成长，它们往往会架起组织壁垒，阻碍合作和知识共享。重新连接各个谷仓的最快方法是鼓励每个谷仓的代表定期会面，提出文化问题，并探索跨领域交流和创造性合作的机会。该委员会不论是叫创新委员会、品牌委员会还是设计委员会，都应该由公司高层的某位主管领导。这不是个兼职或临时的委任，不能让首席营销官捎带着管理，也不能外包给咨询公司。

最简单的办法是任命一位首席品牌官担任这个角色。首席品牌官的任务就是引导企业品牌的增长和价值，包括品牌塑造涉及的所有内容，如子品牌、形象识别系统、设计投入、创新流程、广告项目、传播、培训，从而使整体大于部分之和。根据公司的战略需求，这一角色实际的头衔可能是首席设计官、首席创新官、创意副总裁，或者任何表明对设计做出郑重承诺的头衔。

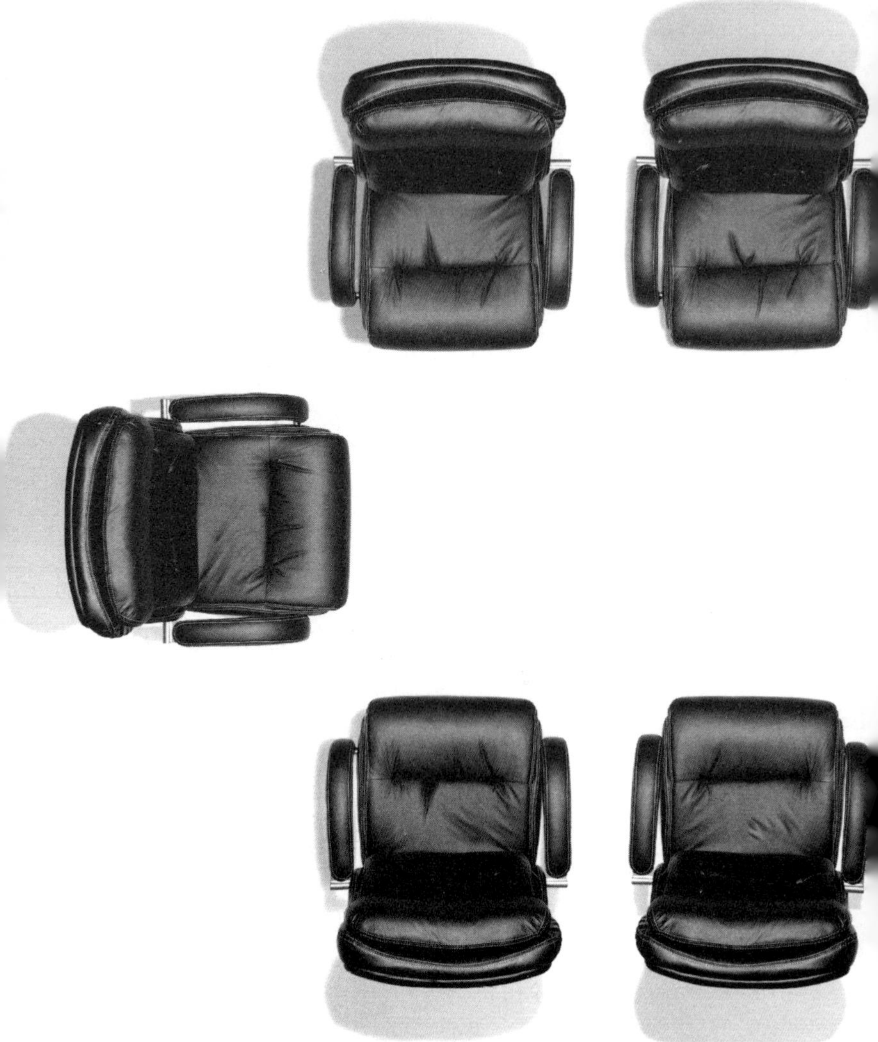

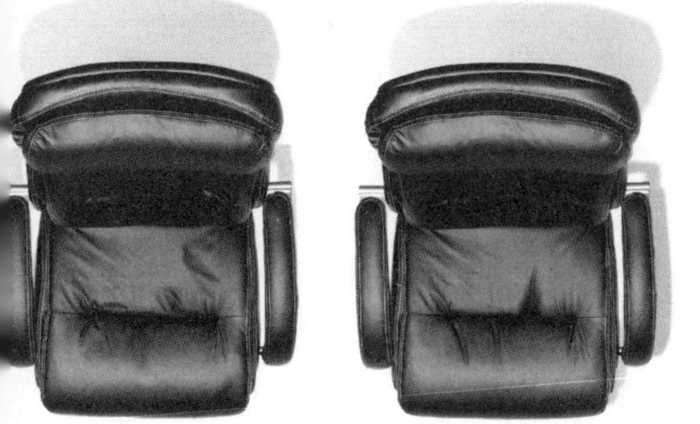

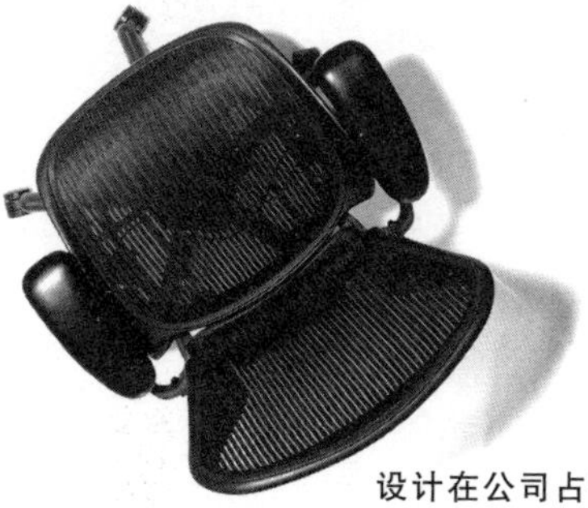

设计在公司占有一席之地时，
创新才会蓬勃发展。

唯一的问题是，你去哪里找到一个既具有战略眼光，又具有创造力的人，来整合公司设计的一切产品、言论和行为呢？到目前为止，还没有一所大学开设有创新管理的学位课程。然而，将商业与设计（印度理工学院）、艺术与工程（斯坦福大学）、设计与战略（加州艺术学院）、品牌与商业（西北大学凯洛格商学院）结合起来的专业越来越多。

然而，这些专业的毕业生在严峻的市场考验中证明自己之前，最好从主管群体中挑选合适的人来填补这个职位，因为天赋已经引领他们走上了这条路，并获得了相关的实践经验。

例如，艾米·柯蒂斯–麦金泰尔先后在捷蓝航空和凯悦酒店负责品牌传播，在此之前，她做过各种营销、广告和传播工作，积累了丰富的经验。克劳迪娅·科奇卡在升任宝洁公司的首席设计创新执行官之前，曾从事会计、营销和管理方面的工作。萨姆·卢森特曾是IBM的工业设计师，网景的用户体验总监，还创办了自己的公司，后来被惠普任命为设计副总裁。

杠杆 15：认可人才

我们从电子表格时代进入创意时代，经济价值将更多地来自人际网络而非电子网络。公司将把想象力、同理心和合作等初始的无形资产转化为专利、品牌和客户群体等最终的无形资产，从而创造财富。经济价值更多依靠创意回报率而非资本回报率来衡量。那么如何衡量才能呢？如何增加灵感？又如何提升创造的乐趣？

所有这些问题的答案都是一样的：认可。电子表格时代注重完美，而创意时代注重卓越。要让创新的飞轮高速运转，可以用高调的认可方案奖励优秀人才，没有比这更快的方法了。

行动方案如下：首先，明确公司的目标（杠杆 3），这样就有了评判工作的恰当标准。

其次，按照个人对重要性的判断界定类别，如最佳产品设计、最佳销售活动、最佳新流程、最佳集成方案。组织公司内外德高望重的专家对参赛项目进行评判。要

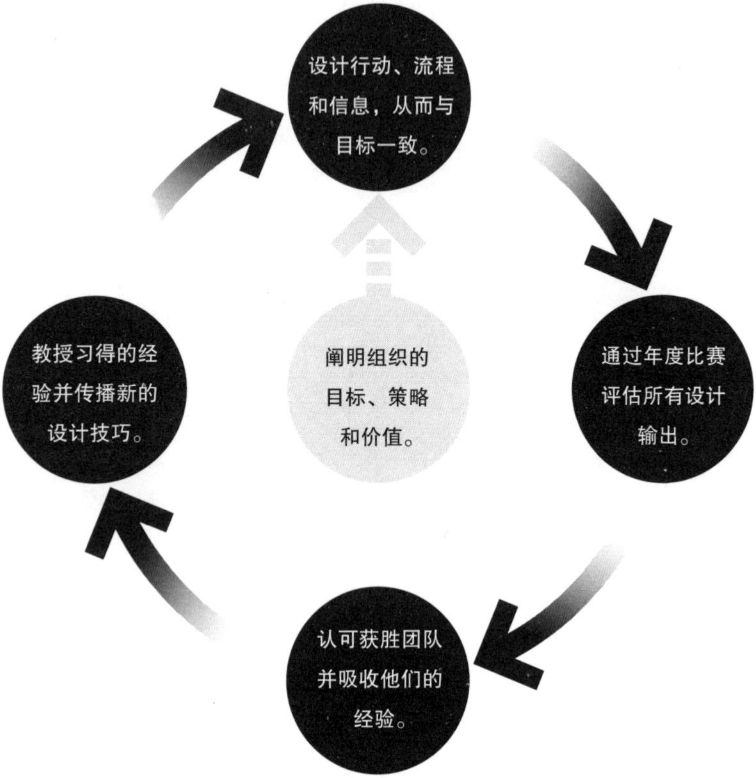
设计行动、流程和信息，从而与目标一致。
通过年度比赛评估所有设计输出。
认可获胜团队并吸收他们的经验。
教授习得的经验并传播新的设计技巧。
阐明组织的目标、策略和价值。

设计学习循环

让参赛者明白，评选优胜者不仅是为了与公司的目标保持一致，也是为了让个人项目有可衡量的结果（杠杆11）。

接下来，举办活动庆祝获奖作品。活动可以小到一顿普通的晚餐，也可以大到一个为期3天的会议。

当然你可以就此打住，但这样你将浪费一个将认可转化为教育的宝贵机会。试想一下，要是把外来评委的评论编辑成生动的视频如何？把对参赛作品的评论发布在线上创新中心如何？分享今年产出的收获，以便明年的产出能够借助前人的经验如何？甚至用收获、评论和批评来构建一系列的培训方案如何？这样一来，你就会拥有一台永动机，驱动水平越来越高的设计，并将创新文化传播到企业的每一个角落。

杠杆 16：将“抗解问题”作为奖励

虽然大多数员工觉得公众的赞扬和偶尔的金钱奖励很不错，但出类拔萃的员工想要的不止于此。他们渴望更有挑战性的问题。他们希望有机会解决棘手的难题，为公司做出重大贡献。

《支持型经济》一书中，作者朱伯夫和马克斯明观察到，公司普遍没有跟上文化的步伐，因为人们需要的不再是工作，而是对实现梦想的支持。IBM 就是一家得其要领的公司。该公司授予杰出的研究型科学家“IBM 科学家”终身荣誉，以表示认可。在这个头衔的基础上，还需要数年时间和种子资金，为公司发展尖端科技。

这也是谷歌被评为最佳雇主的原因之一。谷歌非但不劝阻冒险行为，反而要求冒险。如果不克服一些障碍，就不可能“组织全球信息，实现共享共用”。

你们公司存在什么“抗解问题”？要如何把棘手的障碍转变成彰显地位的奖励？谁看起来更渴望挑战？

足够先进的文化

已故科幻作家亚瑟·查尔斯·克拉克曾说:“任何足够先进的技术，都与魔法无异。”设计型公司也是如此。当我们从电子表格时代过渡到创意时代，设计思维对一些人来说肯定难以捉摸，对另一些人来说问题丛生，对其他人来说则令人困惑。保罗是我的朋友，他是一位很有天分的会计师。几个月前，我向他解释这本书的主题时，他皱着眉头听着，最后说:“听起来很合理，但我很难想象在这样的公司工作是什么**感觉**。”这倒是没错。所以在结束阅读之前，我会试着总结一下在一家设计化公司工作的情感性利益。

在传统公司里，重点是成本，而在设计型公司里，重点是客户。这便强调与公司外部人士共情的能力，从而创造出一种相互关联的感觉。

传统公司的主导模式是命令与控制，而设计型公司的主导模式是愿景与创意，相应产生的感觉是兴奋和满足。

变革就是力量

设计引发变革

在传统公司里，工作以角色为导向，而在设计型公司里，工作以项目为导向。因此，尊重来自价值而非地位，给人一种自尊感。

在传统公司里，冒险行为不被鼓励，而在设计型公司里，冒险是创新过程的一部分。因此，“能做”的感觉取代了“不能做”的感觉。

在传统公司里，员工间如谷仓般相互孤立，而在设计型公司里，员工相互合作，创造出一种共享成功的感觉。

在传统公司里，美感是附属品，而在设计型公司里，美感是内在的。它是产品制造的一部分，是待人接物的一部分，是决策制定的一部分。我们从关注美感中获得的感觉是对未来的希望。

在充满“抗解问题”的时代，企业不能再单纯地“解锁”财富。如今他们必须积极“创造”财富，以跟上变化的速度。自工业革命以来，成功的公司将首度属于设计型公司。设计型公司将结合认识、创造和实践来为真、美和公益而奋斗。最终，企业的盈亏将勾勒出我们理想的形态。

核心内容

如果你没有时间阅读全文，或者是想要一份概述，这便是一份《设计型公司》涵盖要点的简要总结。在通篇演示文稿中随意提及一些，或者尝试在每封发送的商务电子邮件的底部添加一则不同的要点，你可能会为自己即将开启的对话感到惊讶。

1. “抗解问题”

我们对这一管理模式越来越得心应手，不料其本身已越走越偏。

必须要以双赢性质的配合，代替一输一赢的流水线模式。

设计思维这一管理创新注定要将六西格玛踢下管理神话的宝座。设计思维将取代市场部门，进入研发室，改变流程，激活文化。

要创新，先设计。

设计正飞速发展，从“新品海报”到包罗各种过程、系统和组织。设计驱动创新，创新打造品牌，品牌构建忠诚，忠诚维系利润。要获得长期利润，必须从设计入手。

商业成功只需两大要素：品牌及其传递。

品牌建设的核心问题是让一个复杂的组织来执行一个简单的想法。

差异 × 设计 = 愉悦

只有当组织拥有正确的思维方式、恰当的技能，并拥有通过协作扩充技能的能力时，敏捷性才能成为凸显特质。

给公司**注入**创造性是一回事，建立一家创造性公司则是另一回事。

消费主义的问题不在于创造欲望，而在于无法完全满足欲望。我们欲望中有一部分是对所购物品感觉良好。

人们拥有更多购买选择，就会选择支持美感，支持简约，支持喜爱品牌的“部落身份”。

2. 设计的力量

对于企业来说，要想复制那些引人注目、令人陶醉的体验，要做的可不仅仅是雇用设计师，他们需要**成为**设计师。

任何尝试改善现有情形的人都是设计师。

最佳设计思考者同理心强，直觉敏锐，富于想象且理想主义。

愿景与现实之鸿沟充满了“创造性张力”，对有创造力的人来说是一处强大的能量源。

设想一下完全依靠“是什么”思维运转的资本主义社会：不敢冒险，没有收获。

传统的管理模式是个名副其实的旧货店，兜售陈旧观念，均为以往的需求和以前的时代量身定做。

不能**决定**前路，必须**设计**前路。

当左右脑协同工作，第三大脑就会出现，完成两个大脑半球都无法单独完成的工作。

第三大脑思考者不会满足于简单的选项，他们不懈努力，直到在看似对立的需求中求得双赢局面。

设计型领导反对“非此即彼”的暴政，赞成“调和并存”的智慧。

设计型领导等同于创造性艺术家。

打破规则的创新需要具备游戏精神，具备愉悦感，拒绝被严格方法所限制。

工业时代的公司强调两项主要活动：认识和实践。设计型公司则添加了第三项活动：创造。

设计师使用非逻辑过程，难以用语言表达，但容易在行动中展现。

在创造模式中，设计师边行动边了解。

最具创新性的设计师有意识地拒绝标准选项，培养“出错思维”的偏好。

当然，很多时候想错了就是错了，但有时出错思维的效果比正确思维的效果好得多。

如果你想要推动股价上涨并维持下去，就需要投资愿景、文化和创新。

具备创新文化的公司，崭新理念必须成为惯例而非个例。

设计沿阶梯爬得越高，产生的影响就越大。

3. 美学的重生

美学给予我们实现完美执行的工具箱。

无论我们是谁、住在哪里、有何信仰，总有一些形状、声音、气味、比例和式样触发着我们的情感按钮。

我们的文化越向技术化发展，我们就越需要美感所包含的感官力量和隐喻力量。

我们将美感赋予欣赏之物，然后就开始欣赏其他展现同样美感的事物。

我们经常用美感来代表品质。

简单和效率巩固了美学的地位，美学也在自然资源日益减少的时代为繁荣提供了有力的工具。

那就是优良设计没有那么依赖个人的主观感受，而是美学和伦理的结合。优良设计体现优点。

自工业时代以来，设计型企业将首次成为成功企业。

4. 变革杠杆

借助飞轮效应，创新文化以极小的投入创造动力，在需要时可以释放出积蓄的巨大能量。

公司失败并非因为选择了错误的道路，而是因为无法设想更佳的道路。

虽然变革必须由高层领导，但很少自上而下开始。

人类有解释和分享自身经验的欲望，于是故事看似不由自主地随之产生。故事能成为文化强有力的组成部分。

信息时代被誉为工业时代的接班人，但数字发明的真正馈赠并非信息，而是协作。

在考虑构建内部设计能力之前，需要解决“尊重消亡”的问题。

如果企业设计的未来取决于元团队，那么内部设计部门的关键性在于设计管理。

正如品牌管理一样，设计管理**永远**不应外包出去。相反，执行与品牌相关的项目时，很多所需的设计技能**常常**应该外包出去，当角色分工划定清晰，目标前景一览无余，质量承诺郑重有力时，意志坚定的人便喜欢合作。

创造力可以通过两种方式得以施展：团队创造力和个人创造力，关键是找到包含两者的合作节奏。

PPT 已经变成了一场全面暴发的流行病。不幸的是，诸如合作、创新、激情、愿景和透明的公司价值观成了受害者。

要是你真想获得认同，暂时忘记 PPT 吧！代之以更有趣的方式，如故事、演示、绘图、原型和头脑风暴练习。

如果企业是一个生产决策的工厂，那么为决策提供信息的演讲对决策质量来说至关重要。决策也遵循支配软件编程的法则：错进，错出。

领导者必须发挥领导作用，但这并不意味着所有想法都要由他们想出。实际上，你大可理论说只要好想法能顺畅地自下而上流动，领导者无须提出**任何**点子。

创新是一个**数**字游戏，能够增加可行选择总数（如果不是增加百分比的话）的公司会成为最终赢家。

创新的最大障碍是企业渴望成本、市场规模、收入、利润和其他数值都具有确定性，而在新想法中这一切都是未知的。

具有讽刺意味的是，投资濒临破产的企业、落伍的战略和萎缩的市场却看似毫无障碍，不用预测，此类投资的前景都一览无遗。

“门径管理投资”中的一个观点是通过类似于自然选择的方法逐级审核对象，因此只有在这个想法基本上去风险化之后，才会下大赌注。

创新者之路就在于学习如何“把云切割成立方体”。

最终，**所有**的创新都将由市场来衡量。诀窍就是要在投入大量资源之前预见结果。

如果你要着手开展文化变革，从最初的状态到理想的状态，衡量这个过程中的每一次进步都是值得的。

遭受忽视的文化往往一开始满意度得分很低，但当你运用变革杠杆时，这一分数将迅速提升。

尽管衡量指标有利于降低创新风险，但也有其局限性。可衡量性随着重要性的增加而降低。

真正创新的想法不应过分依赖衡量指标。如果一个机会千载难逢，没必要说它两千载难逢。

在一个加速变革的时代，**如何**学习远比学**什么**重要。快速获取新知识的能力是支撑创新文化的基本技能。

没有品牌培训，一家公司的技能和知识就会和另一家公司雷同，任何公司都不会获得竞争优势。

强迫一种文化去适应另一种文化是不可能的事。你无法给人们的大脑戴上矫正器，也无法用矫正鞋约束他们的行为。

不要把被收购的公司看作未受过教育的孩子，而要把它看作提供灵感的老师。

我们从电子表格时代进入创意时代，经济价值将更多地来自人际网络而非电子网络。

成功的公司将把想象力、同理心和合作等初始的无形资产转化为专利、品牌和客户群体等最终的无形资产，从而创造财富。

那么如何衡量才能呢？如何增加灵感？又如何提升创造的乐趣？所有这些问题的答案都是一样的：认可。

认可项目会创造出一台永动机，驱动水平越来越高的设计，并将创新文化传播到企业的每一个角落。

虽然大多数员工觉得公众的赞扬和偶尔的金钱奖励很不错，但出类拔萃的员工想要的不止于此，他们渴望解决“抗解问题”。

还记得第 4 页提到的十大“抗解问题”吗？

接下来将说明设计如何去解决它们。

“抗解问题”“巧解之道”

（1）平衡长期目标和短期需求

清晰地表达长期愿景

建设创新文化

打造魅力品牌

鼓励自发形成的客户忠诚

开展品牌培训

给设计一席之地

（2）预测创新概念的回报

筛选出“优且异”的想法

选用设计模式，放弃决定模式

引入设计管理

立大志，花小钱

运用门径管理创新

设计新指标

（3）加速创新，适应变化

建设创新文化

关注敏捷性而非所有权

把设计提升到更高层次

想法自下而上流动

开展品牌培训

以“抗解问题”作为奖励

（4）赢得顶级人才竞争

大胆描绘一幅未来图景

处理“抗解问题”

编个好故事

推倒墙壁

开展品牌培训

认可人才

（5）兼顾盈利与社会责任

选用设计模式，放弃决定模式

将美学应用于管理

力争“好设计”

将责任视为设计机会

开展品牌培训

奖励良好的品牌行为

（6）保护商品化行业利润

打造魅力品牌

鼓励自发形成的客户忠诚

建设创新文化

引入设计管理

开展品牌培训

认可人才

（7）跨谷仓协作以提高成功率

组建一支元团队

引入创新管理

建立创新中心

开展品牌培训

认可人才

给设计一席之地

（8）发掘未被占领且有利可图的市场空间

筛选出“优且异”的想法

选用设计模式，放弃决定模式

建设创新文化

想法自下而上流动

使用门径管理投资

设计新的指标

（9）应对生态可持续性的挑战

处理“抗解问题”

通过设计提高效率

从自然中获得设计灵感

力争“好设计”

想法自下而上流动

使用门径管理投资

（10）保持公司战略与客户体验一致

将设计管理引入内部

组建一支元团队

六角手风琴式的合作

想法自下而上流动

开展品牌培训

给设计一席之地

推荐阅读

1. 管理

《弥合创新缺口》，朱迪·埃斯特林著，麦格劳-希尔出版社，2008年。企业家埃斯特林说："随着商业、教育和政府面临的问题越来越多，我们的创新能力已经受到严重损害。"埃斯特林热情呼吁通过可持续的创新"生态系统"，重新激发全球创造力。她说目前欠缺的是研究、开发和应用之间强有力的相互作用。书中包括对创新领袖的数十篇采访。

《设计管理》，博丽塔·博雅·德·墨柔塔著，欧沃斯出版社，2003年。法国研究人员德·墨柔塔收集了包括宝马、博朗、耐克、索尼、戴森和其他公司在内的37家公司的案例研究，表明设计管理作为一项核心商业活动，公众对其兴趣日益增长。作为一名经验丰富的设计经理，德·墨柔塔从这些研究中选取了许多有效方案，并提出了一系列将才能转化为价值的方法。

《管理大未来》，加里·哈默尔著，哈佛商学院出版社，2007 年。商学院教授哈默尔为现代管理这个话题带来了相当大的可信度。他在书中表示这个世界已经准备好迎接下一次重大的管理创新。为实现这一转变，我们必须摆脱传统思维的束缚。为了说明这一颇具鼓动性的观点，哈默尔从谷歌和戈尔公司［戈尔特斯面料（GORE-TEX）的制造商］等创新型公司收集了大量实例。

《创新和企业精神》，彼得·德鲁克著，哈珀与罗出版社，1985 年。这是第一本将创新作为一门系统学科的著作，认为创新值得重点管理。德鲁克认为，企业精神不仅对所有组织都可行，而且是企业生存所必需的。这本书正好赶上了数字革命，但也日渐丧失生命力了，同德鲁克所有的书一样。

《启动革命》，加里·哈默尔著，羽翼出版社，2002 年。哈默尔号召潜在的革命者，说单是开发一两个创新产品远远不够。在 21 世纪，需要打造一种持续创新的状态，不只是产品创新，而是整个商业模式创新。他还说，一旦一项创新之举成为最佳实践，其效力就会丧失。“如果没什么差异，那就没有战略意义”。强烈推荐此书给公司各个层级的锐意创新者。

《让你的脑力变成公司获利》，洛威尔·布赖恩，克劳蒂雅·乔伊斯著，麦格劳 - 希尔出版社，2007 年。如果你是那种需要具体方式而非大体原则的人，那么这本书很适合你。但如果你想让这些方式先经过市场测试，你可能仍然对实现这些想法缺乏信心。这些想法包括组织结构的彻底扁平化、可以自由做出战略决策的一线管理者、公司一体化的治理、文化和人才市场。在我看来，这些想法令人耳目一新，非常适合设计型公司。

《转危为安》，威廉·爱德华兹·戴明著，麻省理工学院出版社，2000年。这本书最初发表于1982年，是戴明博士根据他著名管理十四条原则撰写的商业转型指南。他认为，对领导力进行判断不仅要看季度分红，还要看企业是否具有创新的经营计划。戴明博士给出的指示包括用长期规划取代短期反应、消除恐惧从而让人们安心工作、打破部门间的障碍。

《财富的革命》，阿尔文·托夫勒，海蒂·托夫勒著，克诺普夫出版社。任何试图展望未来的人，都不能忽视托夫勒夫妇。托夫勒早期的著作《未来的冲击》《第三次浪潮》和《权力的转移》都是数字时代的产物。本书中，他们表明工业时代的经济学已不足以解释21世纪的经济。托夫勒夫妇说在不久的将来，“自创自用”将迫使我们在衡量、创造和操纵财富的方式上发生根本性变化。

2. 创造性思维

《兔脑龟心》，盖·柯雷克斯顿著，亦柯出版社，1999年。大多数商业人士更喜欢快速做出决定，而非“深思熟虑”。新的研究表明严谨和确定性并非智慧的基本组成部分，而耐心和困惑才是。柯雷克斯顿支持重新评估以结果为导向的问题解决方式，他本人偏好“龟心”式较为迟钝的直觉胜于“兔脑”式的敏捷速度。

《心智探奇》，史迪芬·平克著，诺顿出版公司，1999年。平克是研究大脑和认知心理学的著名作家。他在书中提出，心智计算理论和自然选择理论共同为我们提供了视觉感知、群居生活、手的解放和高超的狩猎技能。这些反过来又引导我们欣赏艺术、音乐、文学和哲学。这本书又大又重，但因为平克讨喜的幽默感变轻了不少。

《设计式管理》，理查德·博兰，弗雷德·科洛皮著，斯坦福商业图书出版社，2004年。作为弗兰克·盖里的客户，博兰和科洛皮教授从他们的个人经验中探索出了“决策态度”和“设计态度”之间的区别。他们认为，当决策被“设计”出来时会更有力。

《整合思维》，罗杰·马丁著，哈佛商学院出版社，2007年。马丁是罗特曼管理学院院长，也是商业战略设计思维的坚定拥护者。相对思维类似于对生拇指，使得领导者利用“整合思维”的模型，抓住并解决各类难题中的内在矛盾。他还指出，“不谈创意，精通就变成了死记硬背”，反之亦然，“不谈精通，创意即便并非完全随机，也不可靠”。

《创意阶层的崛起》，理查德·佛罗里达著，巴西克图书出版社，2003 年。佛罗里达是一位社会规划师，他声称：包括科学家、工程师、建筑师、教育家、作家、艺术家和娱乐界人士在内的 3800 万创意阶层正在深刻地影响着职场的未来。佛罗里达呼吁创意阶层要在社会中占有一席之地，并承担起促进公共利益的责任。

《人工智能科学》，赫伯特·西蒙著，麻省理工学院出版社，1996 年。尽管该书第一版出版于 40 年前，但西蒙的想法时至今日仍然非常新颖刺激。书中，西蒙继续探索复杂性架构和设计科学。他以混沌、适应系统和遗传算法等为主题，深入理解复杂系统的本质。对于那些对设计思维和人工智能感兴趣的人来说，这本书有点难度，但值得一读。

《全新思维》，丹尼尔·平克著，河源出版社，2006 年。平克指出未来成功的关键是培养右脑的六种能力：设计感、故事力、交响力、共情力、娱乐感和意义感。无须这些特征的工作将被外包或自动化处理。平克的两句名言令人难忘：“艺术硕士是新型工商管理硕士。”“意义是新的财富。”

3. 品牌化

《品牌的鸿沟》，马蒂·纽迈耶著，新骑士出版社 / 美国平面设计协会（AIGA），2003 年。这是我白板概述系列第一本，向公司展示了如何弥合商业战略和客户体验之间的差距。这本书将品牌打造视为一个系统，包括五项法则：差异化、合作、创新、验证和培育。就像我的第二本书《急转》一样，本书被设计成一本“飞行读物”，两小时的阅读便可提供参考工具。详情请翻阅第二版，包含《品牌字典》中的所有定义。

《品牌识别设计》，艾丽娜·惠勒著，约翰·威利父子出版社，2006 年。品牌只有通过接触点才能显现个性，由此真正实现差异化。惠勒在书中展示了商标和其他平面传播的获奖案例。对于世界级公司的战略和创意如何在现实中结合，惠勒也给出了令人信服的论述。这是一本必不可少的参考工具，为此类书籍设下了极高的标准。请查阅最新的第三版。

《品牌词典》，马蒂·纽迈耶主编，美国平面设计协会，2004 年。这本口袋读物只能在亚马逊上买到。该书由美国平面设计协会（AIGA）出版，是第一本将常见品牌术语“体系化”的书籍。为了对这些定义达成一致，我召集了一个顾问委员会，由来自管理、广告、市场研究、商业出版和设计领域的十位思想领袖组成。您也可以在《品牌的鸿沟》第二版中读到这些定义。

《急转》，马蒂·纽迈耶著，新骑士出版社/美国平面设计协会，2007年。《品牌的鸿沟》概述了打造魅力品牌所需要的五项法则，而《急转》则深入探讨了其中的第一个法则，即根本差异化。在这个跟风产品和即时通信兴盛的时代，成功的公司是那些能够在竞争中占据优势、灵活应变、注重设计的公司。至于说规则？当所有人都在"之"字形前进时，急转。

4. 生态化设计

《仿生学》，珍妮·班亚斯著，哈珀永久出版社，2002年。大自然是最伟大的设计师，是新工业生态学的典范。班亚斯透露，仿效久经时间考验的自然发明，具有巨大的潜在盈利能力。她提出了十大经验，以供具有生态意识的公司、文化或经济借鉴，从而推动一个更健康、更可持续，甚至更富裕的未来。

《从摇篮到摇篮》，威廉姆·麦克唐纳，迈克尔·布朗嘉特著，北点出版社，2002年。产品使用寿命结束时，可以为新的事物提供滋养，如果可以设计出这样的产品，会怎么样？或者，如果产品能够提供"技术养分"，在闭环工业周期中再循环，又会怎样呢？建筑师麦克唐纳和化学家布朗嘉特指出，最近的科学发现"从摇篮到坟墓"的制造浪费严重且没必要。本书是关于循环经济的开创性之作。

《设计与弹性思维》，修·亚尔德西·威廉姆斯等著，现代艺术博物馆，2008 年。保拉·安特那利为纽约现代艺术博物馆策划过一场颇具影响力的博物馆展览，这一高深之作正是该展的书籍版。书中说明了设计师如何能够将最新的技术进步转化为奇巧的物件、系统和可能的未来。

《商业生态学》，保罗·霍肯，柯林斯出版公司，1994 年。史密斯·霍肯园艺工具帝国背后的人并非传统的资本家。保罗·霍肯长期坚定不移地为改革经济体系奋斗，他建议人们放缓经济，降低产能，避免破坏他人环境，避免通过占领栖息地来取代其他物种。1994 年的华尔街可能还没准备好听取保罗的建议，但现在正在倾听。

5. 美学

《从拉斯科到布鲁克林》，保罗·兰德，耶鲁大学出版社，1996 年。兰德是平面设计领域最博学的从业者。1996 年去世之前，兰德发表了一篇充满激情的文章，呼吁改善美学。他在书中说明了为什么拉斯科的洞窟壁画及其他永恒的艺术作品，会具有超越时间、地点、目的、风格或流派的普遍品质。他接下来以自己的作品为例，说明了设计师如何将艺术作品融入现代世界。

《简单法则》，前田约翰著，麻省理工学院出版社，2006年。著名设计师、麻省理工学院教授前田为平衡简单和复杂提出了10条法则，以改进业务、技术和设计。前田教授阐明了“多即是好”的理念如何削弱客户体验的质量，并导致业务操作过于复杂。法则十是“简单在于除去显而易见的，添加有内在含义的”。

《营销美学》，贝恩特·施密特，亚历克斯·西蒙森著，自由出版社，1997年。作为《体验式营销》的先导篇，施密特和西蒙森在本书中进一步阐述了阿克的观点，即美学是驱动情感的因素。是什么让一个品牌不可抗拒？不同的情境需要什么样的风格和主题？符号传达什么意义？这些问题的答案对于让顾客自发形成忠诚至关重要。

6. 协作

《创造完美的设计大纲》，彼得·菲利普斯著，欧沃斯出版社，2004年。这是一本实用指南，能让所有的合作者步调一致。除非你能清楚地描述目标和角色分工，否则你的合作项目注定平庸，甚至会失败。任何一位打算建立内部设计部门或创意元团队的设计经理，都能很好地将菲利普斯的想法融入管理系统中。

《第五项修炼》，彼得·圣吉著，初版出版社，1994年。圣吉把系统思考称为第五项修炼，并将其应用于企业管理语境中。其他修炼包括自我超越和团队学习。

有些心智模式起初允许组织将成功经验编码，但随后却妨碍组织随市场共同发展，圣吉鼓励员工和管理人员研究此类心智模式。圣吉也基于原型系统思维提供了自己的心智模式，以帮助公司从整体上审视业务。

《组织天才》，沃伦·本尼斯，帕特里夏·比德曼著，珀修斯图书集团，1998 年。本尼斯是领导技能方面的专家，他向人们说明了如何在组织中发挥团队合作的创造性潜力。就这一主题而言，该书影响深远，富有启发性。

《演说之禅》，加尔·雷纳德著，新骑士出版社，2008 年。如果企业是一个生产决策的工厂，那么为决策提供信息的演讲对决策质量来说至关重要。如果你只是堆砌事实和要点，就会失去说服别人的最大效力。作者雷纳德说明了如何完整构思故事，有意识地运用设计原则，并保持极简。

《严肃的游戏》，迈克尔·施拉格著，哈佛商学院出版社，1997 年。施拉格不是在开玩笑，他确实希望各位能采用合作模式。施拉格说秘诀是建立应急原型，作为创新的共享空间。他把读者带入了右脑的狂野世界，在那里游戏即认真，认真的游戏玩家在爱玩的团队中工作。

《六顶思考帽》，爱德华·德·波诺著，利特尔 & 布朗出版社，1985 年。每当管理层力图对公司的未来进行头脑风暴时，讨论很快就会变得充满混乱和分歧。爱德华·德·波诺是公认的思维技巧大师，他在书中说明了如何通过一次只专注于一种思维来获得团队的最佳想法。波诺将不同思维整理成一系列的“帽子”，如红色代表情感，黑色代表否定，绿色代表创意。这样一来，各种想法就不会未经提出即被否决。

《创新的10个面孔》，汤姆·凯利著，双日出版社，2005年。大型设计公司IDEO的总经理凯利坚信“魔鬼代言人”扼杀创意的力量强大无比，需要多达十种正面的创新主角才能将其制服。凯利为此提出“人类学家”一角，让他们进入这个领域，观察客户的真实生活；“嫁接能手”一角以新的方式连接不同的想法、人员和技术；“跨栏运动员”一角跨越阻碍创新的巨大障碍。

《休想困住我》，山下凯思，桑德拉·斯芭塔洛著，天下文化出版社，2004年。无计可施时，不要被困住。这本小书的作者是Stone Yamashita Partners公司的创始人，也是一位组织行为学教授，书中满是提升合作能力的技巧。作者将高度可视化的沟通风格与微小的想法结合起来，创造出一个既有趣又简易的工具，可以瞬间激活团队。该书是启发性的而非指导性的，允许读者参与其中。

关于Neutron

Neutron公司位于旧金山，使命是“通过释放创意过程的力量来推动商业革命”。听起来野心勃勃吗？也许吧。听起来危险吗？绝对的。每天，我们都在传统的“决定”模式和未来的“设计”模式之间的鸿沟中挣扎。正是《设计型公司》中的想法，让我们在夜间着迷，在晨浴时分神，在通勤时分心。

你可能会想到，Neutron 员工往往不服从严格的划分。比如，我们的头衔是变革推动者、创意催化剂和顿悟工程师，而不是战略家、项目经理和协调者。没有人的工作描述平平无奇，没有人只戴一顶思维帽。战略家写作，设计师思考，作家设计，研究人员教学，人人相互学习。唯一的共同点是通过引入设计过程，改进业务的运作方式。

2003 年我们成立 Neutron 时，工作重心是重新定义品牌化。品牌化从过去到现在依然常常与广告、企业标识和公共关系被混为一谈。我写了第一本书《品牌的鸿沟》来纠正这一错误观念，书中解释说公司的品牌不关乎传播，而关乎声誉。换句话说，品牌不由**你**定义，而由**他们**定义。当今世界，消费者选择众多，产品可以在一夜之间被商品化，因此公司的品牌既是同客户联系的纽带，也是竞争对手的屏障。

但品牌的好坏取决于打造品牌的技能。如今，我们的工作重点是文化变革活动，以及建立设计型公司的战略和手段。实际上，包括转型计划、培训计划、创新实验室、技能工作坊、团队引导和其他变革杠杆在内的工作周期可能需要三年，或者可能只需要一天的战略干预就能产生实质性的效果。无论参与程度如何，Neutron的角色在本质上都是一样的：我们打造的团队负责打造品牌。

如果在你曾经工作的公司里，工作过程遮蔽目的，同事间互不合作，各项决策毫无关联，品牌表达在传译中丧失，灵感的火花还未触及客户就已熄灭，或者去办公室毫无乐趣可言，那么你已经体验到了传统的“决定”模式和未来的“设计”模式之间令人无所适从的鸿沟。

这正是Neutron致力于弥合的鸿沟。更多信息请访问 www.neutronllc.com。

致谢

我着手写这本书时，觉得自己像是在孤身涉冰过河。到最后，我发现有数百人与我同行，冰面也变得结实，足以支撑我们所有人。虽然我无法一一感谢每个人，但我想特别指出对这本书有特殊影响的一些人。

先说保罗·兰德，他或许是20世纪最伟大的印刷传播者。十多年前，在他去世之前，保罗强烈建议我捍卫美学在商业中的作用。我要感谢保罗的前同事休·杜伯里，他帮了我很多忙，如让我旁听他在斯坦福大学开设的控制论课程，一门思维拓展型课程。我要向班尼·班纳吉和比尔·伯内特致敬，这两位斯坦福大学的教授，他们慷慨分享自己的见解，认为要将商业和设计相结合以解决世界范围内的“抗解问题”。我要感谢多伦多大学罗特曼管理学院院长罗杰·马丁，他在商业思维与设计思维对抗中为我提供了观点。还有设计公司IDEO的负责人汤姆·凯利，自从我写第一本书以来，汤姆作为好朋友一直支持着我。

我珍视和各位同事的谈话，包括产品设计师萨姆·卢森特、营销主管加里·埃利奥特、商业顾问大卫·贝克和内部品牌专家苏珊·罗克莱斯。非常感谢C2的约翰·比伦伯格和格雷格·加勒提醒我要有“出错思维”。我要向艾米·柯蒂斯-麦金泰尔深深鞠上一躬，感谢她分享作为捷蓝航空品牌策划人的非凡成就。感谢伦敦The Partners的创始人大卫·斯图尔特，感谢他一直启发着我对设计、传播和生活的思考。感谢我的老朋友兼财务顾问保罗·波利托风雨无阻的陪伴。我将永远记得我的朋友兼同行艾琳娜·惠勒，每当我开始对这本书过虑，她就会建议我“继续写下去”。

出版之路漫长，在这个过程中很容易迷失方向。因此，我非常感谢审稿人，他们帮我解决了各种各样的死胡同式、回溯式和离题式的问题，避免让读者在阅读之旅中感到乏味。审校中不乏知名人士，如弗雷德·科洛皮、莫伊拉·库伦、约翰·吉泽玛、汤姆·洛克伍德、布鲁斯·努斯鲍姆、贾尔·雷诺兹和麦克·斯普林特，以及Neutron的同事们。

初稿完成、设计阶段开启之际，我的心跳总会加快。页面布局上的合作伙伴是克劳迪娅·冯，她为内部文本带来了极高的品位和准确性。乔什·莱文协助冯的工作，并设计了一些插图页面。杰米·艾肯设计了封面排版。感谢凯西·阿诺德-因斯帮我与PAX公司取得联系，该公司从大自然体现的数学中汲取产品设计的灵感。感谢查理·努奇使用了拍过的绝佳照片。

我非常感谢新骑士出版社和培生出版社团队对我三本“白板”书的热情。特别感谢项目编辑迈克尔·诺兰，早在2001年他就帮我策划了这个系列，一如既往地支持我。我也要向大卫·范内斯、利兹·韦尔奇、丽贝卡·普朗克特、萨拉·简·托德和南希·鲁泽尔等专业人士致以问候。同时，也要感谢我的经纪人埃斯蒙德·哈姆斯沃斯，他在整个过程中展现出了娴熟的技巧和深厚的经验。

最后，感谢我的家人。这本书的诞生必然要追溯到我的母亲，她一早就为我对艺术和创新的兴趣开辟了道路。感谢我的弟弟，他能把金融和投资相关的概念用通俗易懂的英语表达出来，这一天赋对我帮助很大。感谢我的女儿，她对烹饪艺术的热情为我们全家带来了快乐。感谢我的妻子，她不仅教我学历史和文学，还把我们共同的成就全部归功于我。

关于作者

马蒂·纽迈耶是 Neutron 公司的总裁。Neutron 公司位于旧金山，设计并促进文化变革计划，从而激发创新，打造魅力品牌并释放组织创造力。

纽迈耶最初的职业是设计师，但很快他便吸收了写作和策划技能，开始从事品牌识别设计师、艺术总监、文案撰稿人、记者、包装设计师、杂志发行人和品牌顾问等各种职业。到 19 世纪 90 年代中期，他已经为苹果电脑、Adobe 系统、网景通信、伊士曼柯达和惠普等公司开发出了数百种品牌图标、零售包装及其他传播手段。

1996 年，纽迈耶创办了 *CritiQue* 杂志。该杂志围绕着设计思维领域，很快便成为了通过批判性分析提高设计效率的领先平台。在编辑 *CritiQue* 的过程中，纽迈耶参与了关于弥合商业策略和客户体验之间差距的日益热门的讨论。这直接导致了 Neutron 公司的成立，以及他一系列“白板概述”书中的想法。

纽迈耶将工作时间分配给三项活动：管理 Neutron、写有关商业和设计的书籍和文章、促进创新工作坊。工作之外，纽迈耶还喜欢烹饪、电影、阅读和旅行，一年里的大部分时间，他都和妻子待在加利福尼亚的帕洛阿尔托。两人定期旅居法国西南部，他们在那儿有个小农场，需要“不断翻修”。